Gestão da tecnologia da informação

CB015434

Central de Qualidade – FGV Online
ouvidoria@fgv.br

Publicações  FGV Online

COLEÇÃO GESTÃO EMPRESARIAL

Gestão da tecnologia da informação

André Bittencourt do Valle

 EDITORA IDE • online

Direitos desta edição reservados à
EDITORA FGV
Rua Jornalista Orlando Dantas, 37
22231-010 – Rio de Janeiro, RJ – Brasil
Tels.: 0800-021-7777 – 21 3799-4427
Fax: 21 3799-4430
editora@fgv.br – pedidoseditora@fgv.br
www.fgv.br/editora

Impresso no Brasil/*Printed in Brazil*

1ª edição – 2013; 1ª reimpressão – 2014

Preparação de originais: Mary Kimiko Guimarães Murashima
Editoração eletrônica: FGV Online
Revisão: Marina Bandeira Ferrarez Morani, Milena Clemente de Moraes e Aleidis de Beltran
Capa: Aspectos
Imagem da capa: © Omar Algenii I Dreamstime.com

Valle, André
    Gestão da tecnologia da informação / André Bittencourt do Valle. – Rio de Janeiro: Editora FGV, 2013.
    230 p. – (Gestão empresarial (FGV Online))

    Publicações FGV Online.
    Inclui autoavaliações, vocabulário e bibliografia comentada.
    ISBN: 978-85-225-1317-8

    1. Tecnologia da informação – Administração. I. FGV Online. II. Fundação Getulio Vargas. III. Título. IV. Série.

                         CDD – 658.4038

SUMÁRIO

Apresentação

Este livro faz parte das Publicações FGV Online, programa de educação a distância da Fundação Getulio Vargas (FGV). A FGV é uma instituição de direito privado, sem fins lucrativos, fundada, em 1944, com o objetivo de ser um centro voltado para o desenvolvimento intelectual do país, reunindo escolas de excelência e importantes centros de pesquisa e documentação focados na economia, na administração pública e privada, bem como na história do Brasil.

Em todos esses anos de existência, a FGV vem gerando e transmitindo conhecimentos, prestando assistência técnica às organizações e contribuindo para um Brasil sustentável e competitivo no cenário internacional.

Com espírito inovador, o FGV Online, desde sua criação, marca o início de uma nova fase dos programas de educação continuada da Fundação Getulio Vargas, atendendo não só aos estudantes de graduação e pós-graduação, executivos e empreendedores, como também às universidades corporativas que desenvolvem projetos de *e-learning*, e oferecendo diversas soluções de educação a distância, como videoconferência, TV via satélite com IP, soluções *blended* e metodologias desenvolvidas conforme as necessidades de seus clientes e parceiros.

Desenvolvendo soluções de educação a distância a partir do conhecimento gerado pelas diferentes escolas da FGV – a Escola Brasileira de Administração Pública e de Empresas (Ebape), a Escola de Administração de Empresas de São Paulo (Eaesp), a Escola de Matemática Aplicada (EMAp), a Escola de Pós-Graduação em Economia (EPGE), a Escola de Economia de São Paulo (Eesp), o Centro de Pesquisa e Documentação de História Contemporânea do Brasil (Cpdoc), a Escola de Direito do Rio de Janeiro (Direito Rio), a Escola de Direito de São Paulo (Direito GV) e o Instituto Brasileiro de Economia (Ibre) –, o FGV Online é parte integrante do Instituto de Desenvolvimento Educacional (IDE), criado em 2003, com o objetivo de coordenar e gerenciar uma rede de distribuição única para os produtos e serviços educacionais produzidos pela FGV.

Visando atender às demandas de seu público-alvo, atualmente, o FGV Online disponibiliza:

- cursos de atualização via *web*, com conteúdos fornecidos por professores das diversas escolas da FGV;
- desenvolvimento e customização de cursos e treinamentos corporativos, via *web*, com conteúdos fornecidos pelo cliente ou desenvolvidos pela própria FGV;
- cursos e treinamentos semipresenciais estruturados simultaneamente com metodologias presencial e a distância;
- cursos e treinamentos disponibilizados por videoconferência, *webcasting* e TV via satélite com IP;
- TV corporativa;
- modelagem e gestão de universidades corporativas;
- jogos de negócios via internet;
- material didático multimídia – apostilas, vídeos, CD-ROMs.

Ciente da relevância dos materiais e dos recursos multimídia em cursos a distância, o FGV Online desenvolveu os livros que compõem as Publicações FGV Online – com foco específico em pós-graduação –, com a consciência de que eles ajudarão o leitor – que desejar ou não ingressar em uma nova e enriquecedora experiência de ensino-aprendizagem, a educação a distância (EAD) – a responder, com mais segurança, às mudanças tecnológicas e sociais de nosso tempo, bem como a suas necessidades e expectativas.

Prof. Rubens Mario Alberto Wachholz
Diretor do IDE

Prof. Stavros Panagiotis Xanthopoylos
Vice-diretor do IDE

Publicações FGV Online

Atualmente, a educação a distância (EAD) impõe-nos o desafio de navegar por um mar de tecnologias da informação e da comunicação (TICs) aptas a veicular mensagens em diferentes mídias. Especificamente no que se refere à produção de conteúdos para EAD, independentemente da mídia a ser utilizada, vale ressaltar a importância de alguns princípios gerais. Um deles é a necessidade de o conteúdo apresentar integralidade, ou seja, estrutura coerente, objetiva e completa, já que, ao contrário da prática presencial, as "entrelinhas" do livro didático ou do arquivo *powerpoint* que subsidia as aulas não poderão ser preenchidas, em tempo real, pelo professor.

A modularidade também é muito importante: materiais modulares são alterados mais facilmente, em função do perfil do público-alvo ou de atualizações de conteúdo. Ademais, a modularidade também é uma importante estratégia para o aumento da escalabilidade da oferta de conteúdos em EAD, visto que a construção de unidades mínimas, autônomas e portáteis de conteúdo – os chamados objetos de aprendizagem (OAs) – favorece a criação de múltiplas combinações, que podem ser compartilhadas por diferentes sistemas de aprendizado.

Outro princípio inclui o planejamento de estratégias para atrair a participação dos estudantes que, em sua maioria, não estão acostumados à disciplina necessária ao autoestudo. Assim, é um erro acreditar que não precisemos investir – e muito – em práticas motivacionais na EAD. Por isso, participação e interação precisam ser estruturadas, por meio de jogos, atividades lúdicas, exemplos que favoreçam o desenvolvimento do pensamento dedutivo... donde a importância da simulação e da variedade para atender a motivações diversas, mantendo, assim, a atenção dos estudantes e diminuindo os índices de evasão na EAD.

Repetição e síntese também são princípios que não devem ser esquecidos. Ao mesmo tempo em que oferecem reforço, compensando distrações no ato de leitura – audição, visualização – dos conteúdos e limitações da memória, favorecem a fixação de informações.

Dentre todos esses princípios, entretanto, talvez o mais importante seja o padrão de linguagem utilizado. O caráter dialógico da linguagem – a interação – é um fator determinante da construção do conhecimento. Desse modo, a linguagem a ser empregada é aquela capaz de destacar a dimensão dialógica do ato comunicativo, e não diminuir a voz do estudante. O tom de conversação, portanto, deve ser preferido ao acadêmico. O uso da 1ª pessoa do discurso, a inserção de relatos, exemplos pessoais, frases e parágrafos curtos, bem como de perguntas constituem algumas das estratégias dos profissionais de criação em EAD para dar à linguagem uma face humana individualizada e reconhecível pelos estudantes.

O desenvolvimento de materiais para EAD baseados na *web* não requer menos cuidados. O mesmo tipo de criatividade presente na elaboração do conteúdo deve estar refletido no *layout* de cada tela/página em que ele estará disponível *on-line*. Legibilidade, acessibilidade e navegabilidade são parâmetros que devem nortear desde a construção do *storyboard* (o desenho inicial) do curso até sua finalização.

Na organização do conteúdo *on-line*, sobretudo, a multiplicidade de recursos à disposição dos profissionais de criação é tão útil como perigosa, demandando excessivo cuidado no uso dos elementos mais aptos a facilitar o aprendizado: imagens fixas e cinéticas (gráficos, esquemas, tabelas, fotos, desenhos, animações, vídeos), *hiperlinks*, textos e sons. Até mesmo os espaços em branco – nas páginas impressas ou *on-line* – representam instantes de silêncio que podem favorecer a reflexão dos estudantes, ou seja, usar tudo e de uma só vez não é sinônimo de eficácia e qualidade.

Por exemplo: não podemos ler e ver, ao mesmo tempo; assim, ou as imagens ilustram os textos ou os textos fornecem legendas para as imagens, o que precisa ser planejado. Por sua vez, *hiperlinks* com sugestões de leituras complementares, comentários, verbetes, endereços para pesquisas em *sites*, etc. precisam constituir uma rede desenhada com critério, capaz de, simultaneamente, facilitar o aprendizado e abrir novos caminhos para o aprofundamento de conteúdos ou criarão um caos por onde, dificilmente, o estudante conseguirá navegar com segurança e eficácia.

Partindo da experiência obtida na construção de materiais didáticos para soluções educacionais a distância, o FGV Online desenvolveu as Publicações FGV Online, que visam oferecer suporte aos estudantes que ingressam nos cursos a distância da instituição e oferecer subsídios para que o leitor possa-se atualizar e aperfeiçoar, por meio de mídia impressa, em diferentes temas das áreas de conhecimento disponíveis nas coleções:

- Direito;
- Economia;
- Educação e comunicação;
- Gestão da produção;
- Gestão de marketing;
- Gestão de pessoas;
- Gestão de projetos;

- Gestão empresarial;
- Gestão esportiva;
- Gestão financeira;
- Gestão hospitalar;
- Gestão pública;
- Gestão socioambiental;
- História e ética.

Portanto, ainda que o estudante, aqui, não tenha acesso a todos os recursos próprios da metodologia utilizada e já explicitada para construção de cursos na *web* – acesso a atividades diversas; jogos didáticos; vídeos e desenhos animados, além de biblioteca virtual com textos complementares de diversos tipos, biografias das pessoas citadas nos textos, *links* para diversos *sites*, entre outros materiais –, encontrará, nos volumes da coleção, todo o conteúdo a partir do qual os cursos do FGV Online são desenvolvidos, adaptado à mídia impressa.

A estrutura de cada volume de todas as coleções das Publicações FGV Online contempla:

- conteúdo dividido em módulos, unidades e, eventualmente, em seções e subseções;
- autoavaliações distribuídas por módulos, compostas por questões objetivas de múltipla escolha e gabarito comentado;
- vocabulário com a explicitação dos principais verbetes relacionados ao tema do volume e utilizados no texto;
- bibliografia comentada, com sugestões de leituras relacionadas ao estado da arte do tema desenvolvido no volume.

Direcionar, hoje, a inventividade de novos recursos para ações efetivamente capazes de favorecer a assimilação de conteúdos, a interação e o saber pensar pode ser, realmente, o desafio maior que nos oferece a produção de materiais não só para a EAD mas também para quaisquer fins educacionais, pois os avanços tecnológicos não param e as mudanças dos novos perfis geracionais também são contínuas.

Coleção Gestão empresarial

Para isso, precisamos aprender a viver perigosamente, experimentando o novo... e a inovação provém de quem sabe valorizar as incertezas, superar-se nos erros, saltar barreiras para começar tudo de novo... mesmo a experiência mais antiga, que é educar.

Prof. Stavros Panagiotis Xanthopoylos
Vice-diretor do IDE e
coordenador das Publicações FGV Online – pós-graduação

Profa. Mary Kimiko Guimarães Murashima
Diretora de Soluções Educacionais do IDE e
coordenadora das Publicações FGV Online – pós-graduação

Profa. Elisabeth Santos da Silveira
Assessora educacional de Soluções Educacionais do IDE

Introdução

O livro *Gestão da tecnologia da informação* tem como objetivo proporcionar a seus participantes o estudo detalhado das melhores técnicas, tendências e questões hoje existentes na área.

Por meio de uma abordagem prática, estudaremos as principais ferramentas de tecnologia aplicadas aos negócios nos dias de hoje, incluindo infraestrutura, segurança da informação, governança de TI, comércio eletrônico, sistemas de informação e suas principais aplicações.

Desse modo, este livro consiste em construir competências para o desenvolvimento da capacidade de planejamento, criação e inovação de estratégias vencedoras na área de tecnologia da informação. Para tanto, a disciplina foi estruturada em quatro módulos.

No módulo I, abordaremos diversos conceitos a respeito do papel da tecnologia nos negócios, como o conceito de *empresa digital*. Nesse contexto, veremos que o fenômeno da *bolha da internet,* também chamado de *nova economia,* servirá de ponto de partida para o desenvolvimento de novos negócios, que revolucionaram setores inteiros da economia. Também estudaremos o impacto social da revolução da nova economia, incluindo a chamada *Geração Virtual* ou *Geração V.* Por fim, analisaremos as principais tendências em tecnologia da informação.

No módulo II, estudaremos os principais conceitos relacionados à infraestrutura necessária para o desenvolvimento da tecnologia da informação, como a transformação do *bureau* de serviços nos modernos *internet data centers.* Também abordaremos os princípios da segurança da informação, tais como confiabilidade, autenticidade, integridade e disponibilidade, essenciais para o estabelecimento dos padrões de segurança do comércio eletrônico. Ao final do módulo, enfocaremos as melhores práticas relacionadas ao processo de *outsourcing* – terceirização – e governança corporativa.

No módulo III, abordaremos os principais sistemas de informação existentes nas organizações, o que inclui as melhores práticas para a implantação dos sistemas integrados de gestão (ERP), sistemas de gerenciamento do relacionamento com os clientes (CRM) e de inteligência nos negócios (BI).

No módulo IV, estudaremos os principais impactos da revolução dos negócios eletrônicos. Analisaremos o comércio eletrônico para o consumidor final (B2C), incluindo as melhores práticas para o desenvolvimento de *websites* comerciais e lojas eletrônicas. Por fim, enfocaremos os principais tipos de mercados eletrônicos B2B e o comércio eletrônico *wireless*.

O autor

Módulo I – TI nas organizações:
estratégicas e conceitos

Módulo I – TI nas organizações: estratégicas e conceitos

Neste módulo, estudaremos diversos conceitos a respeito do papel da tecnologia nos negócios, como o conceito de *empresa digital*. Nesse contexto, veremos que o fenômeno da *bolha da internet*, também chamado de *nova economia*, servirá de ponto de partida para o desenvolvimento de novos negócios, que revolucionaram setores inteiros da economia.

Também estudaremos o impacto social da revolução da nova economia, incluindo a chamada *Geração Virtual* ou *Geração V*.

Por fim, analisaremos as principais tendências em tecnologia da informação.

Negócios na economia digital

Empresa digital

O desenvolvimento de negócios na nova economia digital implica, necessariamente, a utilização de sistemas baseados na *web* e em outras redes eletrônicas.

Segundo Davis,[1] o conceito de *empresa digital* incorpora um novo modelo de negócios, que utiliza a tecnologia da informação para alcançar um ou mais de seus três objetivos básicos, que são:

- alcançar e envolver clientes mais eficientemente;
- aumentar a produtividade dos colaboradores;
- melhorar a eficiência de suas operações, utilizando tecnologia para melhorar os processos de negócio.

Papel da tecnologia no negócio

O conceito de *empresa digital* modifica completamente as antigas premissas sobre o papel da tecnologia da informação nos negócios. Ao invés de automatizar os velhos e repetitivos processos, a ênfase agora é alcançar novos mercados, convergir produtos e serviços e melhorar o atendimento ao cliente.

Todos os elementos da cadeia de valor se integram, permitindo uma convergência entre as operações, desde a ideia inicial até o consumidor. O consumidor deixa de ser passivo nessa relação.

Já começa a ser cada vez mais comum a figura do *prosumer*: junção de *producer* com *consumer*. O *prosumer* seria algo como o produtor-consumidor.

---

[1] DAVIS, J. E. *Toward the digital enterprise*. White paper, Intel Corporation, 2005.

Rede de computadores

Esse novo conceito de empresa digital utiliza, intensivamente, as redes para interligar:

- suas atividades internas, por meio de uma intranet;
- seus parceiros comerciais, por meio de um acesso seguro a seus sistemas internos, por uma extranet;
- seus clientes, por meio de acesso a seu *website* ou de canais de informação por tecnologia celular ou *wireless*.

Conceito de economia digital

Uma economia digital baseia-se em uma infraestrutura global de telecomunicações. Em uma economia digital, as pessoas e as organizações podem:

- comunicar-se;
- interagir;
- planejar;
- procurar por bens e serviços, muitos dos quais são prestados exclusivamente nessa infraestrutura.

A economia digital engloba, também, o conceito de convergência entre a tecnologia da informação e as tecnologias de comunicações por meio da internet e de outras redes.

Bolha da internet

Durante os anos de 1995 a 2001, as bolsas de valores ocidentais – especialmente a Nasdaq americana – experimentaram um aumento considerável no valor de mercado das empresas ligadas à tecnologia da informação.

A combinação de juros baixos, especulação e empreendedorismo, aliados a uma nova e empolgante tecnologia, levou a um número expressivo de casos de sucesso e de fracasso nessa área. O período foi marcado pela criação de novas empresas baseadas na internet, chamadas de empresas *pontocom* – do inglês *dot com*.

As empresas *pontocom* baseavam seu modelo de negócios em número de acessos, visibilidade ou mesmo na criação de comunidades virtuais. Tais modelos, em muitos casos, eram extremamente deficitários e eram mantidos pelo capital de risco abundante na época.

Nesse caso, o objetivo era a geração de uma vantagem competitiva que, no futuro, gerasse lucros compensatórios. Eram comuns gastos exorbitantes com anúncios de TV em horários nobres, sedes luxuosas e aquisição de empresas tradicionais. Contudo, poucas empresas sobreviveram para poder contar com isso.

O ponto mais alto da valorização das ações das empresas da nova economia ocorreu em 10 de março de 2000. Nessa data, o índice Nasdaq chegou aos 5.048 pontos. Essa marca significou o dobro daquela alcançada um ano antes. Dessa forma, teve início um colapso, com uma enxurrada de ordens de vendas de ações, no dia 13 de março.

O ponto alto da nova economia foi a aquisição bilionária da Time Warner, o maior grupo de mídia do mundo, pela America Online (AOL), pioneiro provedor de acesso à internet em janeiro de 2000. Alertas foram dados, porém Alan Greenspan, então presidente do Banco Central americano, citou a existência de uma exuberância irracional.

Esse processo teve consequências ao longo de todo o ano: demissões, fechamento de empresas e aquisições se tornaram uma realidade amarga para o setor.

Depois do "estouro da bolha", o cenário no setor de tecnologia não poderia ser pior.

Na Europa, as empresas de telecomunicações tinham gasto bilhões nos leilões das licenças para telefonia celular de terceira geração (3G), o que as levou a enormes dívidas.

Nos Estados Unidos, a empresa WorldCom, que, nos anos anteriores, tinha adquirido dezenas de concorrentes, admitiu ter cometido uma série de fraudes contábeis. Esse fato levou seu controlador, Bernard Ebbers, à prisão. Uma enorme recessão se abateu sobre o setor de tecnologia.

Contudo, passados mais de 10 anos depois do estouro da bolha, diversas novas empresas seguem o mesmo caminho trilhado por suas antecessoras. Depois do sucesso dos IPOs do Groupon, LinkedIn e

Facebook, diversas outras empresas do setor de tecnologia da informação seguem com seus planos de abertura do capital.

Bolha 2.0

Entre 2005 e 2012, o setor de tecnologia da informação experimentou alguns indicadores típicos da época da nova economia:

A) 2005:

O *site* de leilões eBay adquiriu o Skype por US$ 2,6 bilhões.

B) 2006:

O Google adquiriu o *site* de vídeos YouTube por US$ 1,65 bilhão.

C) 2007:

Em outubro de 2007, a Microsoft adquiriu uma participação minoritária de 1,6% no *site* de relacionamentos sociais Facebook por US$ 240 milhões, extrapolando o valor da companhia para US$ 15 bilhões. Uma ninharia em relação ao valor alcançado em seu IPO em 2012. Em novembro de 2007, o valor das ações do Google estava cotado em US$ 700, quase sete vezes seu valor na época em que abriu o capital em 2004. O valor dessas ações tornou o Google, na época, a quinta maior empresa em valor de mercado nos Estados Unidos.

D) 2009:

A Oracle gastou US$ 7,4 bilhões para comprar a Sun Microsystems, fabricante de computadores de alto desempenho e criadora da linguagem Java. Já a HP, nesse mesmo ano, adquiriu a 3Com por US$ 2,7 bilhões.

E) 2010:

No início de 2010, a HP comprou a Palm, fabricante de *smartphones*, por US$ 1,2 bilhão. Também em 2010, a Intel adquiriu a gigante de segurança McAfee por US$ 7,68 bilhões, e a SAP adquiriu a fabricante de bancos de dados Sybase por US$ 5,8 bilhões.

F) 2011:

A mais importante aquisição do ano foi a da Skype pela Microsoft. Além de surpreender pelos valores – US$ 8,5 bilhões –, poderá significar a integração das ferramentas de *videochat* da primeira nos aplicativos Office. Outra aquisição importante foi a da Morotola Mobility – parte da pioneira empresa dedicada a celulares e *smartphones* – pelo Google, que, com isso, poderia seguir os passos da Apple e integrar *hardware* e *software* – *Android*.

Geração V

Basicamente, a Geração V engloba as pessoas que substituem a experiência física pela experiência *on-line*. Essa substituição é feita por meio de:

- mundos virtuais;
- *videogames*;
- *blogs*;
- redes sociais;
- interação em *sites* de comércio eletrônico – como a Amazon.com ou Americanas.com.

A cada dia, aumenta o número de pessoas que se enquadram no perfil da Geração V, mas a classificação como Geração V é muito importante e difícil para as empresas. As empresas vendem produtos e serviços para novos consumidores sem poder contar com dados demográficos tradicionais – como nome, idade e endereço – para o desenvolvimento de mensagens de marketing customizadas. Nesse sentido, as empresas preveem a possibilidade de se comunicarem não com o consumidor, e sim com seu personagem ou avatar.

A partir dessa nova realidade das empresas, o Gartner Group recomenda as seguintes ações para o atendimento às necessidades da Geração V:

- a organização de produtos e de serviços ao redor de personalidades virtuais múltiplas;
- a venda para o personagem, e não para a pessoa;
- a criação de ambientes virtuais, como forma de orquestrar a exploração do cliente na direção das compras;
- a mudança dos investimentos dos clientes conhecidos para os clientes desconhecidos e anônimos;
- o desenvolvimento de novas habilidades dos empregados para atrair, conectar, contribuir e obter dicas da Geração V e de seus ambientes virtuais.

Vejamos um exemplo: o estudante inglês Nick Harley, de 18 anos, criou um comercial sobre o novo *iPod Touch*, utilizando *softwares* comerciais e elementos existentes no *site* da Apple. Como tema, ele utilizou a música *Music is my hot, hot sex*, da banda brasileira Cansei de Ser Sexy (CSS).

Harley postou o seu comercial no *site* de vídeos YouTube, o qual foi visualizado por milhares de pessoas. Entre os espectadores, estavam funcionários do departamento de marketing da Apple, que solicitaram a sua agência, a TBWA, que entrassem em contato com Harley e o contratassem para desenvolver uma versão profissional do anúncio para ser veiculada em horário nobre na TV americana. O comercial criado por ele também seria exibido na Europa e no Japão. Segundo a empresa, essa interação é uma forma de aproximação com as novas mídias e suas formas de comunicação.

Tendências em tecnologia da informação

Papel da tecnologia da informação

Turban[2] conceitua tecnologia da informação como: "[...] o conjunto de sistemas de informação, seus usuários e seu gerenciamento, incluindo *hardware, software,* bancos de dados, redes e outros dispositivos eletrônicos".

Atualmente, o papel da tecnologia da informação é apoiar as atividades dos negócios das empresas.

Há, ainda, outras definições relevantes para a tecnologia da informação:

- *hardware* – é um conjunto de dispositivos, tais como processadores, monitores, teclados, memória, discos rígidos, impressoras, etc. Sua função é aceitar dados e processá-los, exibindo-os em seguida;
- *software* – é um conjunto de instruções, que são fornecidas ao *hardware* para o processamento;
- banco de dados – é um conjunto de arquivos, tabelas e relações que armazena dados e suas associações;
- redes – são sistemas interconectados que permitem o compartilhamento de recursos pelos dispositivos.

As principais tendências em tecnologia consistem no seguinte:

- inteligência artificial;
- integração da internet com dispositivos domésticos;
- mobilidade e aplicações *wireless*;
- vídeo e TV pela internet;
- 3D;
- computadores se tornando cada vez mais compactos e embutidos;
- uso intensivo do comércio eletrônico;
- desaparecimento/modificação de setores inteiros da economia.

---

[2] TURBAN. E. et al. *Information technology for management.* 8. ed. New York: John Wiley & Sons, 2011.

Entre as principais tendências da tecnologia, atualmente, ainda temos:

- aumento dramático da capacidade de armazenamento, incluindo *drives* virtuais;
- *web* semântica, em que existe a criação de metadados, cujos rótulos são criados para descrever os dados existentes, tornando possível processar o significado do conteúdo;
- mundos virtuais;
- sistemas baseados na *web* e *software* como um serviço – *software as service* (SaaS);
- personalização;
- economia da atenção – em que os usuários concordam em receber serviços ou mesmo remuneração em troca de sua atenção;
- arquitetura aberta;
- uso intensivo de automação comercial com uso de identificação por radiofrequência – *radio-frequency identification* (RFID);
- uso de tecnologias de toque e gestuais como interface.

O *iPhone*, o *iPad* e o *iPod Touch*, da Apple, bem como o *Microsoft Kinect*, por exemplo, indicam-nos um caminho a ser seguido.

Um exemplo de setor que pode ser extinto é o da indústria fonográfica, visto que milhares de varejistas, atualmente, encerraram suas atividades.

Se, para alguns setores, a extinção parece ser o caminho natural, a menção ao possível fim das livrarias causa uma enorme reação para a maioria das pessoas. No entanto, caso o atual modelo de negócios não seja revisto, pode ser que pouco reste para a indústria de livros, já que os altos custos envolvidos com a cadeia de intermediários do processo afetam muito o preço final do produto. Em média, o preço final de um livro é cerca de 20 vezes seu custo básico: que é a remuneração do autor.

As reações se encontram no fato de que o livro, como produto:

- é agradável ao tato;
- é passível de empréstimo;
- tem grande durabilidade;
- tem grande mobilidade;
- não requer fontes externas de energia.

Ademais, ler um texto em uma tela de computador é extremamente desagradável para a maior parte das pessoas. De acordo com esse raciocínio, o livro digital nunca seria um competidor para o livro *analógico*.

O raciocínio que exclui a possibilidade de extinção do livro *analógico* se prende ao paradigma da utilização da tela do computador como suporte para a leitura do livro. No entanto, há outras possibilidades. Não podemos ignorar os recentes desenvolvimentos na área do papel digital ou *e-paper*.

Portanto, vale dizer que, à medida que a tecnologia avançar, a indústria de livros *analógicos* será um meio sem competidores. A folha digital flexível, passível de ser enrolada e colocada embaixo do braço, teria um custo muito inferior ao papel tradicional, seria mais ecológica – já que prescindiria do corte de árvores – e prática. Nesse caso, o livro tradicional somente permaneceria para os tradicionalistas assim como o disco de vinil sobreviveu para um pequeno grupo de consumidores.

O crescente sucesso de leitores como o *Kindle*, da Amazon, e o *Nook*, da Barnes and Noble, que já são vendidos a menos de US$ 80, indicam o caminho a ser seguido. Além disso, o sucesso dos *tablets*, como o *iPad* e o *Galaxy Tab*, mostra que os livros em papel estão com seus dias contados. A Amazon reporta já vender mais livros digitais do que os tradicionais em papel.

Segundo Nicholas Negroponte,[3] criador do projeto One Laptop per Child, os livros de papel estarão mortos em cinco anos. Essa afirmação foi realizada na conferência "Technomy", em agosto de 2010. Já o jornal *New York Times* iniciou, em 2011, sua lista de *e-books* mais vendidos.

Planejamento e estratégia de TI

Princípios fundamentais

Segundo Michael Porter,[4] para estabelecer e manter um posicionamento estratégico diferenciado, uma empresa precisa seguir seis princípios fundamentais:

---

[3] SIEGLER, MG. Nicholas Negroponte: the physical book is dead in 5 years. *TechCrunch*. 6th Aug. 2010. Disponível em: <techcrunch.com/2010/08/06/physical-book-dead>. Acesso em: 20 abr. 2012.

[4] PORTER, Michael. What is strategy? *Harvard Business Review*, Nov. 1996.

A) Primeiro princípio:

É preciso começar com o objetivo certo, isto é, retorno do investimento em longo prazo. Só assentando a estratégia em rentabilidade sustentada, conseguiremos gerar verdadeiro valor econômico.

B) Segundo princípio:

A estratégia de uma empresa deve possibilitar a rentabilidade sustentada, distribuindo uma proposição de valor ou um conjunto de benefícios diferentes daqueles que os concorrentes oferecem.

C) Terceiro princípio:

A estratégia não é uma busca pela melhor maneira de competir nem um esforço para ser tudo para todos os clientes.

A estratégia precisa produzir efeitos em uma cadeia de valor diferenciada. Para estabelecer uma vantagem competitiva sustentada, uma empresa deve desempenhar atividades diferentes daquelas dos rivais ou desempenhar atividades semelhantes, mas de maneira diferente.

D) Quarto princípio:

As estratégias robustas envolvem negócios. Uma empresa deve abandonar certas características de produtos, serviços ou atividades no sentido de ser única em outros. As trocas nos produtos e na cadeia de valor é que tornam uma empresa verdadeiramente distinta das outras.

E) Quinto princípio:

A estratégia define como todos os elementos de uma empresa se interligam entre si. Uma estratégia pressupõe que se façam escolhas, ao longo da cadeia de valor, que sejam independentes.

F) Sexto princípio:

Todas as atividades devem ser reforçadas. A estratégia envolve continuidade. Uma empresa deve definir uma proposição de valor distinta, que a representará, mesmo que isso signifique renunciar a certas oportunidades.

Sem continuidade na direção, é difícil para as empresas desenvolverem competências únicas e ativos ou construir uma reputação forte junto dos clientes.

Posicionamento estratégico

O posicionamento estratégico significa mais do que posicionamento do produto ou o conceito de marketing. Ele consiste no posicionamento total da empresa e envolve todas as funções:

- produção;
- distribuição;
- logística;
- serviços.

O posicionamento estratégico é o quadro total do empreendimento em seu lugar no ambiente competitivo.

Vantagem

Fica evidente o dinamismo necessário para mantermos a vantagem, sem lugar para acomodações. A vantagem pode ser sustentada de duas formas: ou temos a sorte de criar algo impossível de copiar, ou melhoramos algo existente com uma rapidez que a concorrência não alcança.

A primeira opção está cada vez mais inviável. Contudo, o melhoramento e a busca contínuos de novos benefícios e de novas vantagens fazem parte da habilidade da maioria das empresas de sucesso.

Modelos de Porter

Porter[5] propôs dois modelos para o estudo das atividades empresariais que se tornaram clássicos:

- o modelo das forças competitivas;
- o modelo da cadeia de valor.

Esses modelos são tão importantes que merecem estudo mais detalhado, como veremos a seguir.

Modelo de forças competitivas

O modelo de forças competitivas de Porter pressupõe a existência de cinco forças para a análise da competitividade dos setores da economia.

O modelo também pode ser utilizado para demonstrar como a tecnologia da informação pode aumentar a competitividade das organizações. Além disso, também pode ser aplicado para verificar a competitividade de uma organização dentro de seu setor específico.

Embora detalhes do modelo de forças competitivas variem de setor para setor, a estrutura geral é considerada universal.

Cinco forças

As cinco forças do modelo de forças competitivas de Porter são:

- barreiras de entrada de novos competidores;
- poder de barganha dos fornecedores;
- poder de barganha dos clientes;
- ameaça de produtos ou serviços substitutos;
- rivalidade existente entre os competidores.

---

[5] PORTER, Michael. Strategy and the internet. *Harvard Business Review*, v. 79, n. 3, Mar. 2001.

Vejamos como essas forças são representadas graficamente:

Figura 1
REPRESENTAÇÃO GRÁFICA DAS CINCO FORÇAS DE PORTER

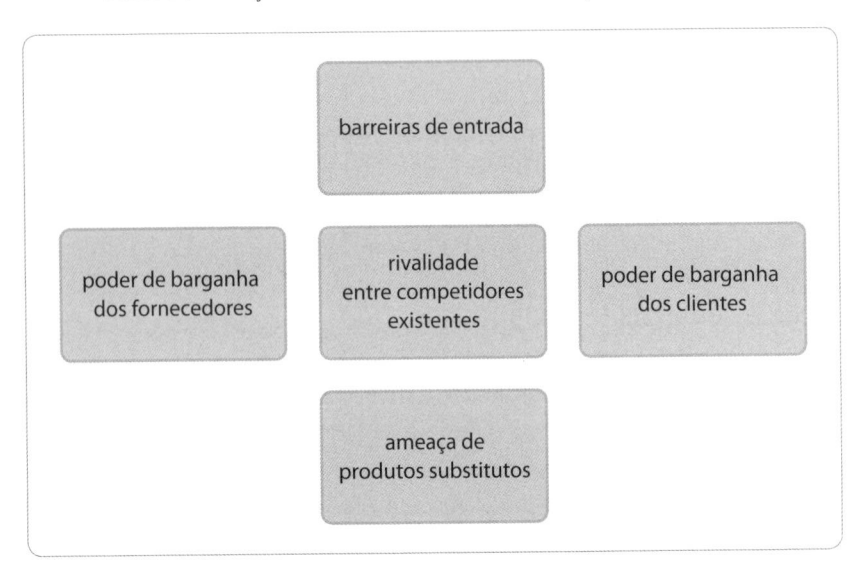

A intensidade de cada força é determinada pelos fatores relacionados à estrutura do setor.

A análise de cada força pode ser diferente a partir de um ou outro ponto de vista e para diferentes setores. Além disso, ela faz parte do planejamento estratégico da empresa, que define:

- sua visão de futuro;
- seus valores;
- seus direcionadores;
- as ações prioritárias;
- as estratégias para atingir o crescimento e a rentabilidade da empresa.

Novos competidores

A ameaça da entrada de novos competidores é uma característica que traz novas habilidades e novos desejos de ganhos de mercado. Além disso, essa ameaça causa uma diminuição dos lucros potenciais daquele setor.

Esse processo é extremamente importante para o mercado de TI, principalmente quando os novos entrantes estão apenas diversificando suas atividades. Nesse caso, os entrantes podem utilizar sua estrutura para abalar o mercado.

Um exemplo de diversificação de atividades é o que a Microsoft fez ao entrar no mercado de planilhas eletrônicas (desbancando a Lotus), no de processadores de texto (desbancando a WordPerfect) e no de navegadores *web* (acabando com a Netscape).

A ameaça dos novos entrantes depende das barreiras de entrada existentes e da reação dos competidores existentes. Se as barreiras de entrada são baixas e os entrantes podem esperar poucas reações dos atuais competidores (como no caso de mercados muito fragmentados), a lucratividade do setor pode ser prejudicada.

Fontes de barreiras de entrada

Existem sete principais fontes de barreiras de entrada:

A) Economias de escala:

As economias de escala aparecem quando as empresas que produzem em grandes volumes conseguem obter menores custos unitários, já que podem dividir seus custos fixos por mais unidades, utilizar tecnologias mais eficientes ou negociar melhores contratos com seus fornecedores.

As economias de escala também podem aparecer em questões logísticas, de financiamento e de infraestrutura de TI.

B) Efeitos de rede ou benefícios de escala do lado da demanda:

Os efeitos de rede aparecem quando a disposição de um cliente pagar por um produto de uma empresa aumenta à medida que o número de outros clientes que se dispõem a fazer o mesmo também aumenta. No passado, existia um ditado que dizia que "ninguém era demitido por escolher produtos IBM". Hoje, o mesmo pode ser dito em relação a uma série de produtos da Microsoft, como o *Windows*.

C) Custos de mudança:

Os custos de mudança são custos fixos em que os clientes incorrem quando mudam seus fornecedores. A razão disso são as alterações nas especificações dos produtos, no treinamento dos funcionários para as novas funcionalidades ou mesmo as novas interfaces a serem construídas para os novos produtos ou serviços.

D) Necessidade de capital:

A necessidade de investir recursos financeiros para competir cria uma barreira de entrada substancial. Por exemplo: para competir no mercado de telefonia móvel, é necessário adquirir uma licença (normalmente, por meio de um leilão), construir redes, investir em canais de venda, serviços de suporte ao consumidor... Esses são fatores que inibem a existência de muitos competidores no mercado.

Por outro lado, para o desenvolvimento de *software*, as barreiras de entrada são mínimas. Basta ter conhecimento e um mínimo de equipamento para entrar neste mercado.

E) Vantagens das empresas pioneiras, independentemente do tamanho:

As empresas pioneiras podem ter vantagens de custo ou qualidade que não estão disponíveis para suas rivais, independentemente do tamanho. Entre os fatores preponderantes, podem sobressair o acesso a tecnologias específicas, matérias-primas, subsídios governamentais, localização geográfica ou recursos humanos específicos.

F) Acesso desigual aos canais de distribuição:

As potenciais entrantes podem ter dificuldade para acessar os canais de distribuição existentes. Quanto menos canais de distribuição, mais difícil será a tarefa para uma nova entrante.

G) Políticas restritivas dos governos:

Os governos podem limitar ou vetar a entrada de novos competidores em setores da economia, exigindo licenças, barreiras ao capital externo ou acesso a matérias-primas.

Esse foi o caso da reserva de mercado de informática no Brasil (a qual vigorou de 1984 a 1991), que limitava a fabricação de equipamentos de tecnologia da informação para empresas de capital nacional.

Poder de barganha dos fornecedores

Os fornecedores podem aumentar seu poder de barganha por meio do aumento de preços e da limitação da qualidade ou da quantidade dos produtos ou serviços que fornecem aos clientes.

Fornecedores poderosos ou monopolistas podem limitar ou reduzir, drasticamente, a lucratividade de um setor da economia.

Segundo Porter,[6] a Microsoft, por exemplo, ao elevar o preço de seus sistemas operacionais, como o *Windows*, contribuiu para a erosão da lucratividade do setor de computadores pessoais. O aumento de preços não pôde ser repassado ao consumidor final, devido à extrema competição entre os milhares de fabricantes.

Poder de barganha dos clientes

Analogamente aos fornecedores, clientes poderosos podem forçar os preços para baixo, demandar maior qualidade ou mais serviços. Desse modo, eles fazem com que os competidores lutem entre si, à custa do lucro do setor.

Os clientes são poderosos quando têm porte em relação a seus fornecedores e quando enfatizam reduções de preço como forma de exercitar seu poder.

A internet muniu o cliente de informações preciosas e, por vezes, ocultas no processo de marketing de um produto.

---

[6] PORTER, Michael. *Competitive strategy*. New York: Free Press, 1998.

No mercado brasileiro de telecomunicações, o poder de barganha dos clientes aumentou muito, com a implantação, a partir de setembro de 2008, da portabilidade numérica, ou seja, a possibilidade de o cliente manter seu número ao trocar de prestadora de serviços.

Ameaça de produtos substitutos

Os produtos substitutos desempenham a mesma função que um produto do setor analisado, só que de forma diferente. Além disso, limitam a lucratividade de um setor na medida em que estabelecem um teto para a venda de seus produtos. Por exemplo: o número de câmeras fotográficas digitais vendidas no mundo tem sido menor, devido à popularização e à sofisticação de um poderoso substituto, o telefone celular. Outro exemplo é a utilização do alumínio em lugar do aço e do *e-mail* em lugar do fax.

Por causa dos substitutos, empresas de determinados segmentos de mercado devem, realmente, buscar novos nichos se quiserem sobreviver.

Um caso atual de busca de novos nichos é o da Amazon.com. Embora tenha iniciado como uma livraria *on-line*, hoje expandiu seus serviços para a prestação de serviços em TI, livros digitais, aluguel de vídeos *on demand*, leilões *on-line*, etc.

Rivalidade entre competidores existentes

A rivalidade entre competidores existentes é exercida por meio de diversas estratégias:

- descontos nos preços;
- novos produtos;
- campanhas de marketing.

O impacto dessa rivalidade na lucratividade do setor depende das formas de competição existentes. Por exemplo: descontos nos preços causam uma profunda erosão na lucratividade do setor. Já a competição nos serviços ou atributos do produto permite aos competidores manter boas margens.

Um exemplo do impacto da rivalidade entre competidores existentes que merece ser citado é o caso da Vivo. O que seria um diferencial de uma das maiores operadoras de telefonia do Brasil em relação à concorrência – a tecnologia *code division multiple access* (CDMA) – tornou-se, de algum tempo para cá, responsável por uma queda significativa de participação da empresa no mercado e de prejuízos acumulados, já que, devido à diferença de escala de produção do CDMA em relação ao GSM,[7] a empresa tinha um gasto maior com subsídios na venda dos aparelhos, não conseguindo competir de igual para igual.

A solução adotada pela empresa foi a adoção de outra tecnologia (no caso, a GSM), cujo projeto inicial foi orçado em torno de R$ 1 bilhão.

Impacto da internet no modelo

Na época da nova economia, muitos argumentaram que a internet tornaria obsoleta a estratégia. Em seu artigo "Strategy and the internet", de 2001, Porter[8] analisou o impacto da internet em relação à estratégia, utilizando seu modelo das cinco forças.

Em relação às barreiras de entrada, podemos dizer que:

- a internet reduz as barreiras de entrada;
- aplicações de internet são mais difíceis de se manter proprietárias;
- uma multidão de novos entrantes foi trazida pela internet, em muitas indústrias.

A necessidade de uma força de vendas, de acesso aos canais e de instalações físicas são casos de barreiras de entrada. Nesse sentido, qualquer coisa que a internet elimina ou torna mais fácil reduz tais barreiras.

---

[7] *Global System for Mobile Communications* ou Sistema Global para Comunicações Móveis, originalmente, *Groupe Special Mobile*.

[8] PORTER, Michael. Strategy and the internet. *Harvard Business Review*, v. 79, n. 3, Mar. 2001.

Em relação à rivalidade entre competidores existentes, a internet:

- reduz a diferença entre os competidores, tornando as ofertas difíceis de serem mantidas como proprietárias;
- migra a competição para o preço;
- amplia, geograficamente, o mercado, aumentando o número de competidores.

Em relação à ameaça de produtos substitutos:

- ao tornar toda a indústria mais eficiente, a internet pode expandir o mercado;
- a proliferação de diferentes abordagens cria novas ameaças de substitutos.

Em relação ao poder de barganha dos fornecedores:

- as compras por meio da internet tendem a aumentar o poder sobre os fornecedores;
- a internet é um canal para os fornecedores obterem novos clientes e alcançarem os usuários finais;
- os mercados digitais tendem a oferecer a todas as empresas um acesso igual a todos os fornecedores, reduzindo a diferenciação.

Já o poder de barganha dos clientes:

- elimina canais poderosos;
- aumenta o poder de barganha dos clientes finais;
- reduz os custos de mudança.

Paradoxo da internet

O grande paradoxo da internet é que seus muitos benefícios – informação largamente disponível, redução da dificuldade das compras, marketing e distribuição, permitindo compradores e vendedores se encontrarem e transacionarem negócios mais facilmente entre si – também fazem com que seja mais difícil para as empresas lucrarem.

Modelo da cadeia de valor

Segundo Porter,[9] toda empresa é uma reunião de atividades, e as atividades da empresa são executadas para projetar, produzir, comercializar, entregar e sustentar o produto.

Essas atividades podem ser representadas fazendo-se uso de uma cadeia de valores. O "valor" pode ser definido como o montante que os compradores estão dispostos a pagar por aquilo que uma empresa lhes fornece.

A meta de qualquer estratégia deve ser a criação de valor, como posição competitiva, já que as empresas, deliberadamente, elevam seu custo para impor um preço-prêmio, via diferenciação.

A cadeia de valor exibe o valor total e consiste em: margem e atividades de valor:

- margem – é a diferença entre o valor e o custo coletivo da execução das atividades de valor;
- atividades de valor – são as atividades física e tecnologicamente distintas, por meio das quais a empresa cria um produto valioso para seus compradores.

Os elementos da cadeia de valor estão divididos em dois conjuntos de atividades:

A) Atividades primárias – estão envolvidas na criação física do produto, bem como em sua venda e transferência para o comprador, além da assistência após a venda. São elas:

- logística interna;
- operações;
- logística externa;
- marketing;
- vendas.

---

[9] PORTER, Michael. *Competitive strategy*. New York: Free Press, 1998.

B) Atividades de apoio – sustentam as atividades primárias e a si mesmas, fornecendo insumos, tecnologia, recursos humanos e várias funções no âmbito da empresa. São elas:

- aquisição;
- desenvolvimento de tecnologia;
- gerência de recursos humanos;
- infraestrutura.

Vejamos, na figura 2, um exemplo de cadeia de valor, adaptado para a gestão ambiental:

Figura 2
EXEMPLO DE CADEIA DE VALOR

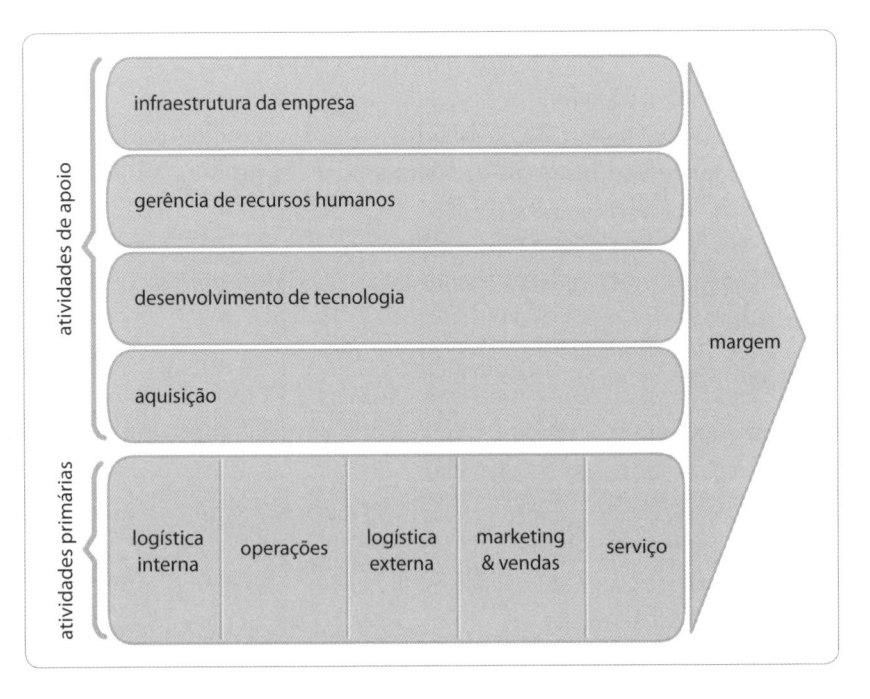

Vejamos agora o que cada uma dessas atividades da cadeia de valor engloba:

A) Infraestrutura da empresa:

- contabilidade ambiental;
- base de dados ambientais – por exemplo, análise de ciclo de vida e requisitos legais.

B) Gerência de recursos humanos:

- treinamento ambiental;
- desenvolvimento de cultura e de consciência ambiental.

C) Desenvolvimento de tecnologia:

- desenvolvimento de processos limpos;
- projeto voltado ao meio ambiente natural.

D) Aquisição:

- menor uso de matérias-primas prejudiciais;
- especificações voltadas ao meio ambiente natural;
- escolha de fornecedores com operações menos poluidoras.

E) Logística interna:

- armazenamento;
- transporte.

F) Operações:

- redução de descarga de poluentes;
- minimização de resíduos;
- redução da quantidade de energia exigida.

G) Logística externa:

- procedimentos de transporte;
- armazenamento;
- embalagem.

H) Marketing & vendas:

- promoção dos aspectos ambientais do produto;
- imagem corporativa.

I) Serviço:

- taxa de retorno de produto;
- reciclagem.

Segundo Porter,[10] as atividades de valor são os blocos de construção distintos da vantagem competitiva.

O modo como cada atividade é executada, combinado com sua economia, determina se uma empresa tem custo alto ou baixo em relação à concorrência. O modo como cada atividade de valor é executada também determina sua contribuição para as necessidades do comprador e, dessa forma, para a diferenciação.

Impacto da internet na cadeia de valor

A internet é a ferramenta mais poderosa disponível hoje em dia para aumentar a eficácia operacional. Facilitando e aumentando a velocidade da troca de informação em tempo real, a internet permite melhoramentos ao longo de toda a cadeia de valor em quase todas as empresas e todos os setores de atividade.

Por ser uma plataforma aberta com padrões comuns, a empresa pode usufruir de seus benefícios com muito menos investimento do que

---

[10] PORTER, Michael. *Competitive strategy.* New York: Free Press, 1998.

era necessário para se beneficiar das gerações anteriores de tecnologia de informação.

Muitos dos pioneiros nos negócios de internet, tanto as *pontocom* como as empresas estabelecidas, competiram de uma maneira que viola todos os preceitos da boa estratégia: em vez de focar nos lucros, tentaram, a todo o custo, maximizar as receitas e a participação de mercado, perseguindo os clientes, indiscriminadamente, por meio de descontos, promoções, incentivos de canal e pesada publicidade.

Em vez de se concentrarem em oferecer um valor real pelo qual os clientes pagam um preço maior, perseguiram receitas indiretas de outras fontes como as taxas de publicidade e quantidade de cliques provenientes dos parceiros comerciais na internet.

Além disso, em vez de fazerem escolhas, esforçaram-se por oferecer todos os produtos, serviços ou tipos de informação imagináveis. Em vez de desenharem a cadeia de valor de uma forma diferenciada, imitaram as atividades dos rivais. Em vez de criarem e manterem o controle sobre os próprios ativos e canais de marketing, enveredaram em ousadas parcerias e terceirizações, corroendo, ainda mais, sua própria diferenciação.

A arquitetura da internet, aliada a outros progressos na arquitetura do *software* e nas ferramentas de desenvolvimento, converteu a TI em uma ferramenta bastante poderosa para a estratégia.

É muito mais fácil customizar soluções dos aplicativos da internet para uma empresa com posicionamento estratégico diferenciado. Fornecendo uma plataforma comum de distribuição de TI ao longo da cadeia de valor, a arquitetura da internet e seus padrões tornam possível construir, de verdade, sistemas integrados e customizados, que reforçam o ajuste entre as atividades.

As atividades virtuais não eliminam a necessidade das atividades físicas. Pelo contrário, muitas vezes, as atividades virtuais ampliam a importância dessas atividades.

A complementaridade entre as atividades da internet e as tradicionais se dá por uma série de razões. Ao introduzirmos aplicações de internet em uma atividade, muitas vezes, vemos aumentar a procura de atividades físicas em qualquer parte da cadeia de valor. Por exemplo: as encomendas diretas aumentam a importância da armazenagem e da expedição.

Uma dinâmica similar de complementaridade entre atividades virtuais e físicas acontece nos mercados digitais. Os fornecedores são capazes de reduzir o custo da transação de pagar os pedidos enquanto se movimentam *on-line*.

No entanto, muitas vezes, os fornecedores têm de responder a demandas adicionais por informação, o que, novamente, coloca novos desafios às atividades tradicionais.

Esses efeitos sistêmicos reforçam o fato de que as aplicações da internet não são tecnologias isoladas e, por isso, necessitam estar integradas no conjunto da cadeia de valor.

TI: meio ou fim?

Em maio de 2003, Nicholas G. Carr publicou um artigo na *Harvard Business Review* chamado "It doesn't matter",[11] defendendo que o uso estratégico de TI já não mais era uma vantagem competitiva para as empresas.

A estabilização da tecnologia e a adoção da internet e da tecnologia da informação teriam como resultado a transformação da internet, de algo novo, em um recurso onipresente.

Nesse sentido, a internet passaria a ser uma *concessionária pública da informação*, um mecanismo utilizado pelas pessoas para acessar informação e contatar outras pessoas, de qualquer lugar, utilizando qualquer dispositivo – conforme ilustrado na figura 3. O mesmo autor publicou, em 2008, o livro *A grande mudança*,[12] em que cristaliza essas ideias em um texto claro e consistente.

---

[11] CARR, Nicholas G. It doesn't matter. *Havard Business Review*, 32 p., May 2003.
[12] CARR, Nicholas G. *A grande mudança*. São Paulo: Landscape, 2008.

Figura 3
INTERNET COMO CONCESSIONÁRIA PÚBLICA DE INFORMAÇÃO

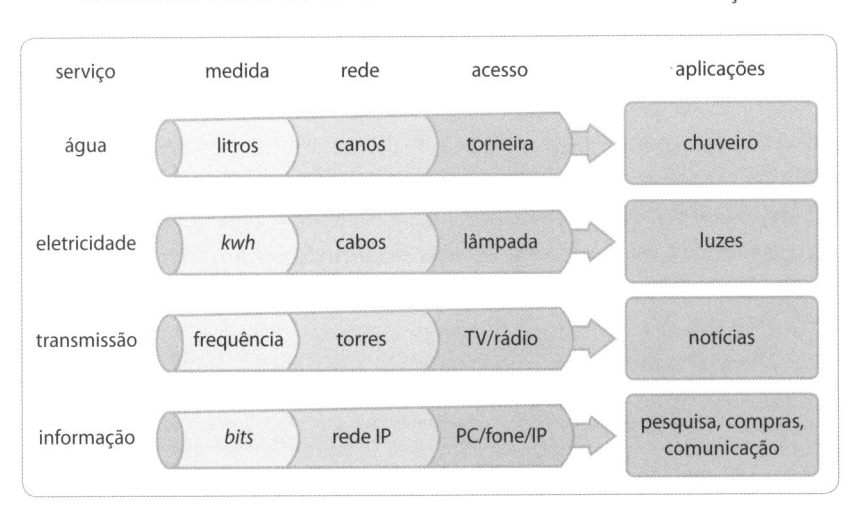

Concessionária pública da informação

A *concessionária pública da informação* seria:

A) Onipresente:

O acesso à informação estaria disponível em qualquer lugar. Assim como ter uma tomada na sala, ficaríamos surpresos quando não enxergássemos uma conexão de rede na parede ou mesmo quando constatássemos uma conexão sem fio indisponível.

B) Confiável:

O acesso à informação estará sempre disponível assim como o uso de um telefone ou de uma torneira d'água é parte do nosso dia a dia.

C) Acessível:

O custo do acesso à informação básica será equivalente ao preço da TV aberta: gratuita para quem assistir à propaganda. Serviços *premium* estarão sempre disponíveis, analogamente à TV por assinatura.

Estudos de caso

Web 2.0

Web 2.0 é um termo cunhado pelo editor Tim O'Reilly que descreve uma série de novas tecnologias e novos modelos de negócios emergentes.

Há cerca de 10 anos, a Netscape – podemos chamá-la de *Web 1.0* – já defendia o uso da *web* como plataforma. O principal produto da Netscape era um *browser* – um *software desktop*.

A estratégia da empresa era utilizar seu domínio para alavancar as vendas de seus *softwares* para servidor, que apresentavam um alto custo. Como tanto o *browser* quanto o servidor *web* se tornaram *commodities*, o valor migrou para os serviços prestados por meio da plataforma *web*, os quais a Netscape não oferecia.

O Google, ao contrário, sempre se posicionou como uma aplicação *web* nativa, sendo entregue como um serviço que era pago, direta ou indiretamente, pelos consumidores.

Na nova tecnologia, nenhum dos defeitos existentes na tradicional indústria de *software* estão presentes. Não há licenciamento ou venda, apenas uso. Não há a necessidade do desenvolvimento de versões específicas para diversas plataformas. Apenas um *browser* é necessário para acessar os serviços.

Uma importante característica da *Web 2.0* é o efeito de rede advindo das contribuições dos usuários, que são a chave para o domínio do mercado.

O melhor exemplo de interatividade é a *Wikipédia*, uma enciclopédia *on-line* cujos verbetes são adicionados, alterados e melhorados, interativamente, por seus usuários.

A Amazon.com também experimenta diversos benefícios do uso colaborativo de seus usuários, como críticas aos livros, recomendações, etc., o que a torna bem mais atraente que a concorrência.

Um outro fator presente na *Web 2.0* diz respeito ao fim do ciclo de lançamento de *software*. Em vez de grandes *releases*, o *software* é melhorado progressivamente, a ponto de algumas aplicações ostentarem o rótulo *beta* por vários anos. Por isso foi criado o chamado *beta perpétuo*.

Cal Henderson, principal desenvolvedor do Flickr.com – ferramenta de armazenamento, busca e compartilhamento de fotos –, lançava novos *releases* a cada meia hora. Algo completamente diferente das práticas das empresas tradicionais é o caso da Microsoft, que requer que o usuário faça um *upgrade* de seu ambiente a cada dois ou três anos.

Outra característica importante da *Web 2.0* é que ela não mais está limitada à plataforma PC. Qualquer dispositivo, tal como um gravador digital de vídeo (como o *Tivo*) ou um MP3 *player* (como o *iPod*), pode beneficiar-se das aplicações desenvolvidas. Teremos telefones, automóveis, etiquetas inteligentes, telefones IP, geladeiras e outros dispositivos fazendo parte da mesma estrutura.

O mercado de telecomunicações já começa a sofrer consequências, com a arrancada das aplicações de voz sobre IP. O Skype, líder de mercado nesse setor, tem 663 milhões de usuários registrados – dados de setembro de 2011 – e já possui cerca de 7% de todo o tráfego internacional de chamadas telefônicas. Se fosse uma operadora de telecomunicações, estaria entre as maiores do mundo.

O mercado de ligações locais/celular começa a se definir, com a utilização de *VoIP* sobre *Wi-Fi*, *VoIP* sobre 3G/4G e *VoIP* sobre *Wi-Max*.

Associamos à tecnologia *Web 2.0* o poder do modelo de negócios baseado na publicidade. A publicidade *on-line* – antes inacessível para pequenas e médias empresas – emergiu como uma importante fonte de financiamento para a criação e a entrega de *software* e serviços. Em muitos casos, é possível obter mais receita com esse modelo de negócios do que com o tradicional modelo de licenciamento.

BitTorrent

Criado pelo programador Bram Cohen, o *BitTorrent* é um protocolo de comunicação, muito utilizado para o *download* – principalmente ilegal – de músicas e filmes pela internet.

Hoje cerca de 23% de todo o tráfego da internet[13] é gerado pelo uso desse protocolo – conforme ilustrado na figura 4. Comparado com os pioneiros *Napster* e *Kazaa*, o *BitTorrent* é muito mais eficiente.

Quanto mais popular é o arquivo a ser baixado, mais rápido ele é servido, logo, o serviço se torna melhor quanto mais usuários o utilizam.

Os arquivos dos usuários são fatiados em pedaços de 256 kb de forma aleatória, podendo ser servidos de diversas localidades, eliminando os gargalos, além de prescindir de um servidor central, já que todo cliente é também um servidor.

Os arquivos são compartilhados por meio dos apontadores, que são pequenos arquivos no formato *.torrent* e que contêm, além do nome do arquivo, seu tamanho, outras informações técnicas e o endereço do servidor *tracker*, que é responsável por organizar os arquivos e direcionar os *downloads*.

---

[13] ANDERSON, Chris; WOLFF, Michael. The web is dead. Long live the internet. *Wired Magazine*, Sept. 2010. Disponível em: <www.wired.com/magazine/2010/08/ff_webrip/all/1>. Acesso em: 24 abr. 2012.

Figura 4

Gráfico do percentual do tráfego da internet utilizado por seus serviços de 1990 até 2010

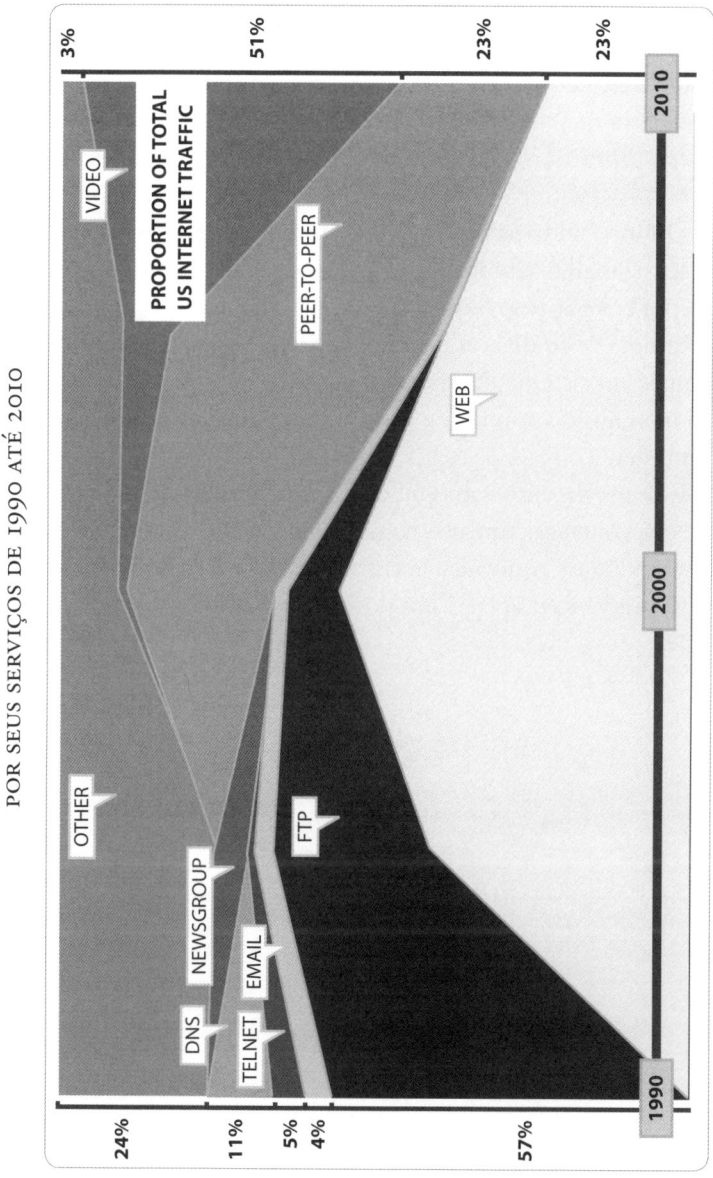

Fonte: adaptado da revista *Wired*, set. 2010.

A *web* morreu?

Em setembro de 2010, o autor Chris Anderson,[14] editor da revista *Wired*, iniciou um interessante debate sobre a diminuição gradual do tráfego *web* nos últimos anos. O cenário descrito no artigo mostrava um usuário que, ao acordar, checava seu *e-mail* em um *iPad*, utilizando um *app* (diminutivo de aplicativo). Durante o café da manhã, acessa o Facebook e Twitter.

Durante a ida para o trabalho, ouve um *podcast* em seu *smartphone*. Em seu trabalho, atualiza-se com notícias advindas de um *feed* RSS e fala com colegas pelo Skype. Ao chegar em casa, ouve músicas por meio do Pandora, e se diverte jogando o Xbox Live e assistindo a um vídeo por meio do sistema de *streaming* do Netflix. Ou seja, passou o dia inteiro interagindo sem usar a *web*, somente por meio de aplicativos (*apps*) da internet.

Esse movimento começou com o lançamento do *iPhone* e de sua *app store*, que conta, atualmente, com mais de 500 mil aplicativos disponíveis. Ou seja, a quase equivalência entre internet e *web* está acabando, e a *web* está voltando a ser apenas um dos serviços disponíveis.

---

[14] ANDERSON, Chris; WOLFF, Michael. The web is dead. Long live the internet. *Wired Magazine*, Sept. 2010. Disponível em: <www.wired.com/magazine/2010/08/ff_webrip/all/1>. Acesso em: 24 abr. 2012.

Autoavaliações

Questão 1:

Entre os anos de 1995 e 2001 (período chamado de *nova economia*), as empresas virtuais apresentaram enorme crescimento em seu valor de mercado nas bolsas de valores ocidentais.
Nesse período, a maioria das empresas:

a) apresentava lucros crescentes, o que gerou uma grande valorização de suas ações.

b) filiava-se a empresas da velha economia, o que pôs fim às empresas chamadas *pontocom*.

c) apresentava atividades deficitárias, que eram mantidas pela própria valorização de suas ações.

d) possuía modelos de negócios, que eram complementares às atividades das empresas tradicionais.

Questão 2:

A Geração V é formada por pessoas que substituem a experiência física pela *on-line*.
Diante da Geração V, as empresas, para atingirem o público-alvo, devem:

a) utilizar os dados geográficos tradicionais.

b) continuar a vender para as pessoas e não para seus personagens.

c) criar ambientes reais para orquestrar a exploração do cliente na direção das compras.

d) desenvolver novas habilidades de seus funcionários para conectar, contribuir e obter dicas dessa geração.

Questão 3:

Segundo Turban, tecnologia da informação é o conjunto de sistemas de informação, seus usuários e seu gerenciamento – incluindo *hardware*, *software*, bancos de dados, redes e outros dispositivos eletrônicos. Entre as principais tendências atuais da tecnologia da informação, podemos citar:

a) os *softwares* que não são serviços (SnsS).
b) os mundos reais e a inteligência natural.
c) a volta dos *bureaus* de serviço e o fim da computação pessoal.
d) a integração da internet com dispositivos domésticos e o uso intensivo de comércio eletrônico.

Questão 4:

O modelo das forças de Porter pressupõe a existência de cinco forças para a análise da competitividade dos setores da economia.
Segundo esse modelo, a entrada de novos competidores no mercado:

a) diminui a competitividade, melhorando os produtos dos fornecedores.
b) diminui o número de competidores, já que eles tendem a se associar.
c) traz um aumento global nos lucros do setor, já que o número de competidores no mercado se eleva.
d) traz novas habilidades e novos desejos de ganhos de mercado, levando a uma diminuição dos lucros potenciais do setor.

Questão 5:

Chamamos de produtos substitutos aqueles que desempenham a mesma função de outro produto do setor analisado, mas de forma diferente. Em relação aos produtos substitutos, podemos afirmar que:

a) aumentam a lucratividade do setor, já que aumentam seu mercado.
b) limitam a concorrência, na medida em que não influenciam a lucratividade de um setor.
c) limitam a lucratividade do setor, na medida em que estabelecem um teto para a venda de seus produtos.
d) aumentam a lucratividade do setor, já que, por meio da convergência, inserem novas funcionalidades ao setor.

Questão 6:

Em seu artigo "Strategy and the internet", Porter analisa o impacto da internet em relação à estratégia, partindo do modelo das cinco forças. De acordo com essa análise, podemos afirmar que a internet:

a) reduz as barreiras de entrada.
b) diminui o poder sobre os fornecedores.
c) aumenta a diferença entre os competidores.
d) facilita a manutenção de aplicações como proprietárias.

Questão 7:

Para Porter, toda empresa é uma reunião de atividades – projetar, produzir, comercializar, entregar... Tais atividades podem ser representadas fazendo-se uso de uma cadeia de valores.

Em relação à cadeia de valor do modelo de Porter, podemos afirmar que:

a) as atividades virtuais eliminam a necessidade das atividades físicas de modo geral.

b) a arquitetura fechada da internet permite fornecer às empresas uma plataforma desintegrada.

c) as empresas podem usufruir das vantagens da internet a um baixo custo, já que podem utilizar plataformas proprietárias.

d) a internet é a melhor ferramenta para aumentar a eficácia operacional das empresas, já que permite melhoramentos ao longo de toda a cadeia de valor.

Questão 8:

Segundo Carr, a internet será transformada em uma *concessionária pública da informação*.

Nesse sentido, podemos afirmar que a internet será:

a) imortal, já que as informações não serão apagadas.

b) onisciente, já que a concessionária pública da informação tudo saberá.

c) benevolente, já que a concessionária pública da informação só faz o bem.

d) onipresente, já que o acesso à informação estará disponível em qualquer lugar.

Questão 9:

Web 2.0 é um termo cunhado pelo editor Tim O'Reilly que descreve uma série de novas tecnologias e modelos de negócios emergentes. Podemos dizer que a *Web 2.0* está relacionada a fatores como:

a) utilização de *bureaus* de serviço, processamento concentrado, desagregação das mídias e *unbundling*.
b) facilidade de uso, centralização do conteúdo, concentração na plataforma Microsoft e TV a cabo.
c) simplicidade, contribuição dos usuários, fim do ciclo de lançamento de *software*, múltiplas plataformas e poder da publicidade *on-line*.
d) desaparecimento da TV por assinatura, retorno do conteúdo às redes jornalísticas, cobrança de direitos autorais dos usuários de redes ponto a ponto.

Questão 10:

O *BitTorrent* é um protocolo de comunicação muito utilizado para o *download*, principalmente ilegal, de músicas e de filmes.

O principal efeito do uso de redes ponto a ponto, tais como o protocolo *BitTorrent*, é a:

a) expansão das redes de varejo de CDs e DVDs.
b) mudança no modelo de negócios das empresas de mídia.
c) compra das empresas de telecomunicações pelos usuários.
d) diminuição no uso de banda larga pelos usuários da internet.

Módulo II – Infraestrutura, segurança e governanças de TI

Módulo II – Infraestrutura, segurança e governanças de TI

Neste módulo, estudaremos os principais conceitos relacionados à infraestrutura necessária para o desenvolvimento da tecnologia da informação, como a transformação do *bureau* de serviços nos modernos *internet data centers*.

Também abordaremos os princípios da segurança da informação, tais como confiabilidade, autenticidade, integridade e disponibilidade, essenciais para o estabelecimento dos padrões de segurança do comércio eletrônico.

Ao final do módulo, enfocaremos as melhores práticas relacionadas ao processo de *outsourcing* – terceirização – e governança corporativa.

Conceitos básicos sobre telecomunicações

Telecomunicações

O termo *telecomunicações* se refere a todos os tipos de comunicações de longa distância, utilizando meios comuns, incluindo telefone, televisão e rádio.

Já a comunicação de dados é um subconjunto das telecomunicações, utilizando técnicas específicas.

Um sistema de telecomunicações é um conjunto de *hardware* e *software*, utilizado para transferir informações, tais como texto, dados, gráficos, vídeo ou voz, entre dois locais.

Sistema de telecomunicações

Os principais componentes de um sistema de telecomunicações são:

- *hardware* – todos os tipos de computadores e processadores de comunicações, tais como *modems, switches, hubs*, etc.;
- mídia de comunicações – a mídia física, como os cabos ou as ondas de rádio, por meio dos quais os sinais eletrônicos são transferidos;
- rede de comunicações – as ligações entre computadores e os dispositivos de comunicações;
- *software* – programas que controlam os sistemas de telecomunicações.

Vejamos, na figura 5, como representar, graficamente, um sistema de telecomunicações:

Figura 5
SISTEMA DE TELECOMUNICAÇÕES

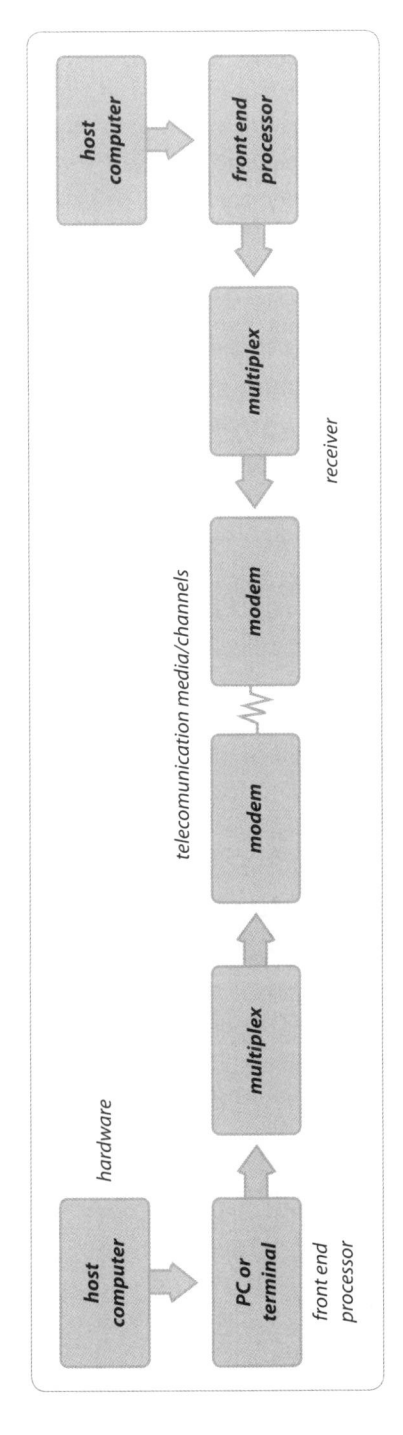

Protocolo TCP/IP

Os dispositivos que funcionam como nós em uma rede devem acessá-la para transmitir e receber dados. Para isso, é necessário que todos sigam um conjunto comum de regras que os habilite a se comunicarem, conhecido como *protocolo*.

As funções dos protocolos em uma rede são:

* definir o acesso à linha – como o dispositivo remetente consegue acesso à rede para enviar uma mensagem;
* controlar colisões, ou seja, gerenciar a transmissão de mensagens para que elas não colidam na rede.

O TCP/IP é composto de dois protocolos de comunicação:

* o *transmission control protocol* (TCP);
* o *internet protocol* (IP), utilizado para a transmissão de dados por meio da internet e de outras redes.

Internet

A internet surgiu como um projeto do Departamento de Defesa do Governo dos Estados Unidos, pela Agência de Projetos de Pesquisa Avançados (Arpa).

O objetivo do projeto Arpanet era testar a viabilidade de uma rede de computadores, em nível nacional, por meio da qual pesquisadores, educadores, militares e agências governamentais pudessem trocar mensagens, compartilhar dados e transferir arquivos.

Com o tempo, a internet cresceu para os milhões de nós existentes hoje. O maior impulso foi a possibilidade de seu uso comercial, em 1993, nos Estados Unidos. No Brasil, a internet comercial iniciou-se em 1995.

Inicialmente, foram interligados quatro nós – Stanford, Utah, Santa Bárbara e Universidade da Califórnia de Los Angeles –, baseando-se na informação distribuída e na possibilidade de rotas alternativas. Em 1983, a Arpanet se dividiu em Miltnet, para fins militares, e nova Arpanet, uma rede com propósitos de pesquisa. O termo *internet* começou, progressivamente, a substituir o Arpanet, até que, no ano de 1990, já existiam mais de 300 mil servidores conectados com a internet.

Bureau de serviços

Conceito

O conceito de *bureau* de serviços começou a ser difundido no final da década de 1950 e passou a ser largamente utilizado nas décadas de 1960 e 1970.

Toda a base de dados era gravada em cartões perfurados de 80 colunas, que precisavam ser classificados e tabulados por máquinas anteriores aos computadores.

Com a evolução da tecnologia, surgiram, então, os computadores. A mídia migrou dos cartões para a fita magnética e, depois, para o disco.

O computador era muito caro e somente grandes empresas com faturamento compatível podiam alugar um – já que, na época, sequer eram vendidos.

Havia ainda a necessidade de contratar a mão de obra necessária, como operadores, analistas, programadores, etc.

Os serviços dos *bureaus* consistia, basicamente, no trabalho das classificadoras e tabuladoras.

Tipos de serviços

A IBM e a Burroughs criaram o *bureau* de serviços, que prestava, basicamente, quatro tipos de serviços:

A) Rodar serviços padrão:

Atendia a clientes menores, rodando folhas de pagamento, contas a pagar, contas a receber. Nessa modalidade, o cliente fornecia os dados em papel para serem perfurados nos cartões e processados nos programas da IBM ou da Burroughs. O produto final era um conjunto de listagens.

B) Desenvolver aplicativos específicos para os clientes rodá-los no *bureau*:

Essa modalidade é muito próxima do que acontece hoje com o desenvolvimento de aplicativos. Assim como nos serviços padrão, o cliente fornecia os dados em papel para serem perfurados e processados, obtendo as listagens no final do processo.

C) Alugar hora de máquina para o cliente desenvolver ou rodar o que quisesse:

Nessa modalidade, o cliente bloqueava a máquina do *bureau* por um período e rodava seus serviços ou desenvolvimentos, suas compilações, etc.

D) Alugar hora de máquina para um cliente que estivesse para alugar um computador:

Essa prática visava a que o cliente começasse a adquirir experiência na área no próprio *bureau* antes da chegada do equipamento. Desse modo, o cliente se preparava, fisicamente, para o novo computador. Muitas vezes, ele gerava o sistema operacional no *bureau* para instalar na máquina nova.

Processo evolutivo

O processo do *bureau* de serviços era evolutivo. O fabricante treinava os clientes e depois alugava seus equipamentos para eles. Com isso, gerava uma dependência para seus serviços. Desse modo, era comum a manutenção do mesmo fornecedor por anos ou mesmo décadas.

O *bureau* era a iniciação de um cliente na computação. Com seu crescimento, ia-se justificando o aluguel de um computador.

O avanço tecnológico gerou a sofisticação dos computadores, criando a estrutura profissional dentro dos *bureaus*.

Surgiram os operadores, os analistas de suporte, os analistas de produção, os analistas de aplicação, os programadores e os vendedores, responsáveis pela venda de serviços desde a hora de máquina até o desenvolvimento de aplicações.

Porte dos computadores

Os *bureaus* de serviços ofereciam, como grande vantagem em sua época, a possibilidade de processamento de dados na empresa, com um mínimo de investimentos. Para isso, era fundamental o porte dos computadores. Até então, não existiam computadores de pequeno porte, o que era um grande problema.

O espaço físico era essencial para receber equipamentos, capazes de ocupar espaços equivalentes a andares inteiros. O custo dos equipamentos existentes, por sua vez, era proibitivo, o que levava, obrigatoriamente, ao compartilhamento desses equipamentos.

Computadores menores

A introdução dos computadores menores fez com que as empresas se informatizassem, montando estruturas internas chamadas de centro de processamento de dados (CPDs).

Com a aquisição de equipamentos de armazenamento e da contratação e do treinamento de técnicos, a empresa trazia o controle operacional para dentro dos CPDs.

Tudo isso foi possível a partir da queda de preços da nova tecnologia, fazendo com que não se justificasse mais alugar tempo de máquina ou contratar serviços de *bureau*. Aos poucos, assim, a empresa se torna independente dos *bureaus* de serviços.

O investimento inicial por parte das empresas para a implementação de um CPD era alto, contudo, no médio prazo, era financeiramente justificável.

Especialização dos *bureaus*

Os *bureaus* de serviços se especializaram, já que essa era a única alternativa de faturamento restante.

Os CPDs foram largamente usados ao longo dos anos 1980 até meados dos anos 1990, quando um cenário novo começou a se desenhar.

Nesse novo cenário, os *bureaus* passaram a oferecer serviços de consultoria em diversas áreas, visando suportar os ambientes recém-montados.

Da mesma forma que na época dos *bureaus*, os aplicativos eram atendidos por grandes máquinas, devido a uma característica tecnológica dos equipamentos.

A demanda de processamento e armazenamento apontava para a necessidade de equipamentos mais robustos e, consequentemente, mais caros do que aqueles com que as empresas haviam-se acostumado a conviver na época da microinformática.

Ampliação da informatização

A ampliação da informatização nas empresas em muito se deve à explosão da internet. O crescimento da internet trouxe, em uma etapa inicial, a necessidade de expansão das redes internas corporativas para a conexão de um número cada vez maior de computadores.

O objetivo desse movimento era ganhar maior agilidade no processo de trabalho.

A ampliação da informatização nas empresas possibilitou, por consequência, a ligação com o resto do mundo via internet. A consequência lógica dessa conexão foi um crescimento, em escala gigantesca, da quantidade de informações solicitadas e disponibilizadas nas redes corporativas internas.

Internet data center

Mercado

O mercado de *internet data center* (IDC) surgiu, nos Estados Unidos, para atender a uma demanda de mercado que, a princípio, para os mais otimistas, parecia não ter fim.

Era um momento extremamente propício, porque havia um mercado confiante e uma grande facilidade com relação à obtenção de crédito.

Nesse cenário, o IDC era perfeito, porque voltávamos a rever a situação de décadas atrás. Naquele momento, não se tratava, exatamente, do mesmo motivo que levou as empresas aos *bureaus*.

Passaram a existir demandas que seriam impraticáveis, em termos financeiros, de serem mantidas em uma estrutura interna. Seria necessário, praticamente, criar uma nova empresa, com novos funcionários e espaço físico para os equipamentos ou voltar para dentro dos *bureaus*, ou melhor, dos *internet data centers*.

Princípios

Os *internet data centers* tinham, por princípio, prover tudo o que era necessário às empresas da *nova economia*:

- infraestrutura;
- escalabilidade;
- gerenciamento;
- segurança;
- disponibilidade.

Estrutura

A infraestrutura dos *internet data centers* consiste em um ambiente totalmente desenvolvido para ser um verdadeiro *hotel* de servidores. A estrutura dos IDCs conta com alimentação elétrica em regime de redundância. Além disso, é garantida a continuidade do fornecimento em um amplo espectro de contingências e contando com combustíveis economicamente viáveis.

Outro ponto-chave na infraestrutura dos *internet data centers* é o sistema de refrigeração. Os servidores são extremamente sensíveis às oscilações de temperatura e, principalmente, à exposição a altas temperaturas, sob pena de perder os dados neles contidos. Por isso, os IDCs contam com sistemas redundantes na manutenção da temperatura ideal de funcionamento, baseados em estruturas niveladas que separam, fisicamente, os servidores do sistema de refrigeração e do sistema elétrico.

Vejamos, na figura 6, uma representação do sistema de refrigeração dos IDCs:

Figura 6
SISTEMA DE REFRIGERAÇÃO DOS *INTERNET DATA CENTERS*

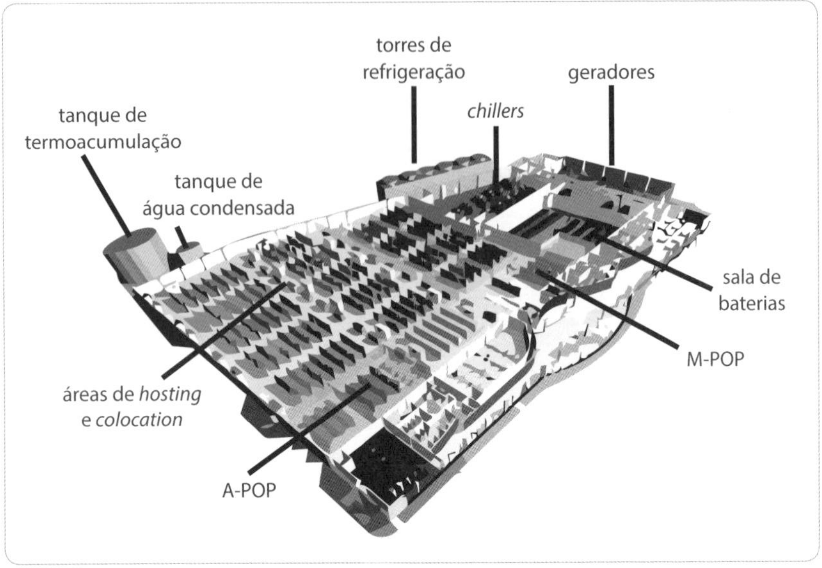

Fonte: OptiGlobe.

A infraestrutura dos *internet data centers* tem ainda uma atenção especial com relação à conectividade.

Com a chegada de diversas operadoras de telecomunicações ao *internet data center*, contando com redes de alta capacidade, torna-se possível o tráfego de todas as informações e o acesso, de forma direta, das empresas hospedadas a seus *sites*. Desse modo, é permitida uma interação como se os servidores estivessem não em *sites* remotos, mas dentro da própria empresa.

Escalabilidade

Outra característica muito importante dos *internet data centers* é a escalabilidade. A escalabilidade é a capacidade de expansão de um equipamento ou de uma solução, propiciando atender às necessidades da empresa no crescimento do número de usuários no sistema e no aumento da demanda de informações a serem processadas e armazenadas, sem comprometer o nível de performance estabelecido no início do projeto. Nesse sentido, essas arquiteturas:

- adequam-se, perfeitamente, à filosofia dos *internet data centers*;
- propiciam o acesso compartilhado por diversos servidores, de vários clientes diferentes, de forma simultânea;
- privilegiam a performance, a segurança e, principalmente, a escalabilidade, que passa a depender de uma única ação a partir do sistema de gerência, para que sua capacidade seja expandida.

Gerenciamento do ambiente de tecnologia da informação

Outra característica essencial do IDC é o gerenciamento do ambiente de tecnologia da informação, uma das tarefas mais complexas de serem executadas pelas empresas.

A infraestrutura precisa ser constantemente atualizada e monitorada. Há ainda a necessidade de se realizarem ajustes periódicos devido a vários fatores como:

- o aumento do número de usuários;
- a escalabilidade dos sistemas;
- a existência de *sites* dispersos geograficamente;
- o acesso remoto ao sistema, aos novos programas e às novas tecnologias que são agregados;
- o aumento dos níveis de segurança, as exigências de crescimento do armazenamento de dados;
- o conflito de padrões entre diferentes sistemas.

Seria um grande desperdício investir milhões em uma plataforma tecnológica de última geração se houvesse lentidão causada, por exemplo, por aplicativos ou roteadores espalhados pela organização, e o responsável pela área não soubesse detectar esses problemas ou onde eles ocorrem.

Crescimento desordenado

As estruturas de tecnologia dentro das empresas cresceram, de forma desordenada, ao longo dos anos, tendo como justificativa a necessidade de manter os sistemas funcionando. Como consequência, criou-se um ambiente heterogêneo, sem documentação atualizada, difícil de ser monitorado e controlado.

É necessário um número muito grande de profissionais envolvidos no processo, com diferentes especializações e conhecimentos nas diferentes ferramentas adotadas. Desse modo, o que seria um problema para as corporações, isoladamente, torna-se uma enorme vantagem para os *internet data centers.*

Centros de gerência

Pela filosofia de ganho de escala, é possível executar toda a gerência, a análise e o monitoramento do ambiente instalado – desde os aplicativos, passando pelo *hardware* até as redes das operadoras de telecomunicações – por meio de modernos centros de gerências.

Esses centros se assemelham aos *network operation centers* (NOCs) das operadoras e utilizam ferramentas como *HP OpenView, SiteScope, Concord*, entre outras, por meio das quais é possível adequar a gerência de várias empresas hospedadas simultaneamente.

Evita-se a indisponibilidade do *site* ao máximo, já que esses centros operam em regime 24x7 (24 horas por dia e sete dias na semana), com diversos especialistas de diferentes níveis. O gerenciamento permite considerar, com bastante precisão, a disponibilidade dos sistemas de tecnologia de informação.

Comodidade

A cada dia que passa, cada vez mais, pessoas são dependentes do computador. Graças ao desenvolvimento tecnológico e à popularização da internet, hoje é possível pagar contas em casa ou no escritório sem precisar enfrentar filas nos guichês bancários, fazer compras e receber as mercadorias no local desejado, comprar passagens aéreas e contratar pacotes turísticos por meio de um rápido clique no *mouse*.

Toda essa comodidade nos deixa, progressivamente, mais dependentes da tecnologia. Dessa maneira, qualquer falha no sistema que estamos tentando acessar pode afetar nossas vidas de forma negativa.

Se, para o usuário doméstico, um travamento do computador representa um transtorno, no âmbito corporativo, uma simples falha nos sistemas pode causar prejuízos financeiros de grande vulto ou, até mesmo, comprometer, seriamente, a imagem e a credibilidade da corporação.

Disponibilidade

Disponibilidade, de modo amplo, é a proporção de tempo em que um sistema permanece ativo e habilitado para uso.

Quanto mais crítica for a operação do sistema, maior terá de ser sua disponibilidade (*uptime*), isto é, menor terá de ser seu *downtime* – tempo em que o sistema fica parado devido a alguma falha.

Quando um *internet data center* se compromete com um nível de serviço, são itens levados em conta:

- a infraestrutura de que ele dispõe;
- o tipo de equipamento utilizado;
- o tipo de escopo para o qual foi projetado;
- se apresenta componentes de *hardware* redundantes;
- se está ligado em *cluster* a outros equipamentos.

Por isso, em algumas aplicações, identificamos sistemas que não podem parar em hipótese alguma.

Os sistemas que não podem parar, categorizados como tolerantes a falhas (*fault tolerance*), apresentam uptime de 99,999%, equivalente a 0,08 horas de parada em um ano, ou seja, menos de 5 minutos.

Vejamos, na tabela 1, como a disponibilidade (*uptime*) influencia no *downtime* e no custo relativo desses sistemas:

Tabela 1

DISPONIBILIDADE x *DOWNTIME* x CUSTO RELATIVO

Disponibilidade	*Downtime* (horas/ano)	Custo relativo
99%	87,6	1
99,9%	8,76	6
99,99%	0,876	16
99,999%	0,0876	25

O cálculo do *downtime* (tempo fora do ar) é dado pela indisponibilidade multiplicada pelo número de horas do dia e pelo número de dias do ano. Dessa forma, uma solução que promete 99% de disponibilidade tem um *downtime* calculado por:

> 0,01 (indisponibilidade) x 24 x 365 = 87,6 horas/ano

O interessante é que o custo relativo não cresce na mesma proporção do que o aumento da disponibilidade. Um sistema 99,999% é 1000 vezes mais confiável que um 99%, mas o seu custo é somente 25 vezes maior.

Os sistemas com altíssimo nível de disponibilidade, chamados de *fault tolerance*, são ambientes altamente confiáveis, que apresentam chances mínimas de defeito. No entanto, é preciso considerar que nada é infalível. As empresas clientes em conjunto com os IDCs elaboram manuais que detalham os procedimentos que devem ser adotados em caso de falhas. Sendo assim, os casos de falha são quase imperceptíveis aos clientes e aos parceiros de negócios e podem ser rapidamente sanados, de forma a não comprometer a continuidade das operações.

Além disso, é muito importante escolher corretamente um nível de disponibilidade, já que o custo do *downtime* pode ser altíssimo, conforme mostrado na tabela a seguir.

Tabela 2
CUSTO DO *DOWNTIME*

Segmento	Custo médio por hora (US$)
Venda de ingressos	69.000
Passagens de avião	89.000
Pay per view	150.000
Processamento de cartões	2.650.000
Bolsa de valores	6.450.000

Fonte: Giga Information Group.

Os níveis de disponibilidade bem como todos os demais serviços oferecidos pelos *data centers* encontram um excelente respaldo por meio dos acordos de níveis de serviço – *service level agreement* (SLA).

Os acordos de níveis de serviço ou SLAs, basicamente, caracterizam-se por serem contratos bem mais detalhados do que os convencionais. Esses acordos especificam não só todos os serviços contratados mas também as penalidades previstas para o não cumprimento das cláusulas acordadas.

Nos SLAs, são descritos:

- os parâmetros de qualidade oferecidos;
- a definição das responsabilidades de ambas as partes;
- a definição de métricas claras e mensuráveis quanto aos níveis de performance dos sistemas, segurança, índice de disponibilidade da rede, tempo de restauração dos sistemas – em caso de indisponibilidade – e integridade dos dados.

Segurança da informação

Solução de segurança

Uma solução de segurança adequada deve satisfazer os seguintes princípios:

A) Confidencialidade:

Confidencialidade significa proteger informações contra sua revelação para alguém não autorizado – interna ou externamente. Consiste em proteger a informação contra leitura ou cópia por alguém que não tenha sido autorizado pelo proprietário daquela informação.

A informação deve ser protegida independentemente da mídia que a contenha – por exemplo, mídia impressa ou mídia digital. Devemos cuidar não apenas da proteção da informação como um todo mas também de partes da informação que podem ser utilizadas para interferir sobre o todo. Os dados em trânsito não serão vistos, alterados ou extraídos da rede por pessoas não autorizadas, ou capturados por dispositivos ilícitos.

B) Autenticidade:

O controle de autenticidade está associado à identificação correta de um usuário ou computador. O serviço de autenticação em um sistema deve assegurar ao receptor que a mensagem é realmente procedente da origem informada em seu conteúdo.

Normalmente, a autenticação é implementada a partir de um mecanismo de senhas ou de assinatura digital. A verificação de autenticidade é necessária após todo processo de identificação, seja de um usuário para um sistema, de um sistema para o usuário ou de um sistema para outro sistema. A autenticidade é, pois, a medida de proteção de um serviço ou uma informação contra a personificação por intrusos.

C) Integridade:

A integridade protege a informação contra modificação, sem a permissão explícita do proprietário daquela informação. A modificação inclui ações como escrita, alteração de conteúdo, alteração de *status*, remoção e criação de informações.

Devemos considerar a proteção da informação em suas mais variadas formas, como, por exemplo, armazenamento em discos ou fitas de *backup*. A integridade garante que, se o dado está lá, então, não foi corrompido, encontrando-se íntegro. Aos dados originais nada foi acrescentado, retirado ou modificado.

A integridade é assegurada evitando-se alteração não detectada de mensagens (como no tráfego bancário) e o forjamento não detectado de mensagem (aliados à violação de autenticidade).

D) Disponibilidade:

Disponibilidade consiste na proteção dos serviços prestados pelo sistema de forma que não sejam degradados ou se tornem indisponíveis sem autorização, assegurando ao usuário o acesso aos dados sempre que deles precisar. A disponibilidade também pode ser chamada de *continuidade* dos serviços.

Por meio da correta aplicação dos princípios, a segurança da informação traz benefícios como:

- aumento da produtividade dos usuários por meio de um ambiente mais organizado;
- maior controle sobre os recursos de informática;
- garantia da funcionalidade das aplicações críticas da empresa.

Criptografia

A criptografia é o estudo dos princípios e das técnicas por meio dos quais a informação pode ser transformada de sua forma original para outra ilegível, sendo necessária a existência de uma *chave* para sua leitura.

A criptografia é implementada por meio de funções matemáticas, usadas para codificar os dados, garantindo segredo e autenticação. Essas funções matemáticas – chamadas de *algoritmos* – são divididas em dois tipos principais:

- simétricas – também chamadas de *criptografia de chave secreta*;
- assimétricas – também chamadas de *criptografia de chave pública e privada*.

Criptografia de chave secreta

A criptografia tem em sua origem duas palavras gregas: *kryptós*, que significa *escondido*, e *gráphein*, que significa *escrever*.

A criptografia de chave secreta utiliza apenas uma chave para criptografar e descriptografar a informação. Vejamos:

Figura 7

CRIPTOGRAFIA DE CHAVE SECRETA

As principais vantagens da criptografia de chave secreta são:

- rapidez – a criptografia de chave secreta criptografa um texto longo em milésimos de segundos;
- chaves pequenas – uma chave secreta de 128 bits é extremamente difícil de ser quebrada.

A maior desvantagem da criptografia de chave secreta é que a chave utilizada para criptografar é igual à utilizada para descriptografar.

Quando um grande número de pessoas tem conhecimento da chave, a informação deixa de ser um segredo. Além disso, o número de chaves necessárias para se criptografar documentos entre um grande número de pessoas cresce exponencialmente, conforme pode ser visto na figura 8.

Figura 8

EXEMPLO DE CRIPTOGRAFIA DE CHAVE SECRETA

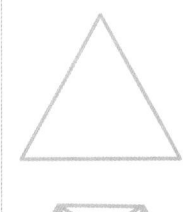 Entre três usuários, a quantidade de chaves secretas necessárias para que todos os documentos trocados entre eles sejam criptografados é de três chaves.

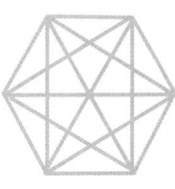 Já no caso de seis usuários, o número de chaves cresce para 15. Logo, concluímos que o crescimento é exponencial, e, dessa forma, a criptografia de chave secreta não é adequada para grandes grupos.

Criptografia de chave pública e privada

A criptografia de chave pública e privada, como o próprio nome diz, utiliza duas chaves em vez de uma. O par de chaves pertence a uma entidade ou pessoa e é gerado a partir de um processo matemático.

A chave privada deve ficar de posse e uso apenas de seu dono, enquanto a chave pública pode ser distribuída, inclusive, para servidores específicos na internet.

Vejamos, na figura 9, a representação da criptografia de chave pública e privada:

Figura 9
CRIPTOGRAFIA DE CHAVE PÚBLICA E PRIVADA

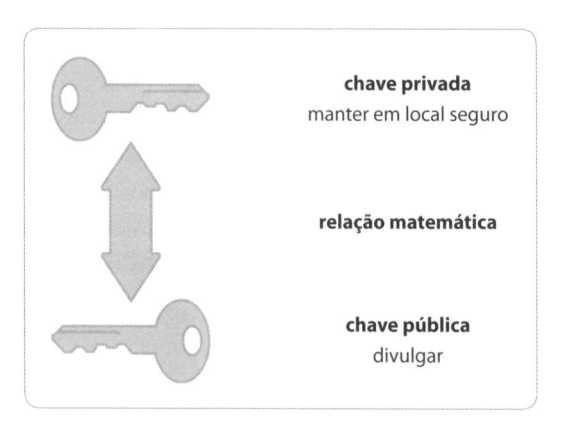

As chaves pública e privada têm a habilidade de criptografar e descriptografar informação, funcionando da seguinte forma: usuários podem criptografar informações com uma chave pública e enviar as informações de forma segura para outro usuário. Somente esse usuário, com sua chave privada, pode descriptografar a mensagem recebida. O remetente tem certeza de que a mensagem será lida somente pelo usuário desejado e não será alterada. É o que ocorre, por exemplo, no envio de um documento do usuário A para o usuário B, de forma segura, conforme nos ilustra a figura 10:

Figura 10
EXEMPLO DE CRIPTOGRAFIA DE CHAVE PÚBLICA E PRIVADA

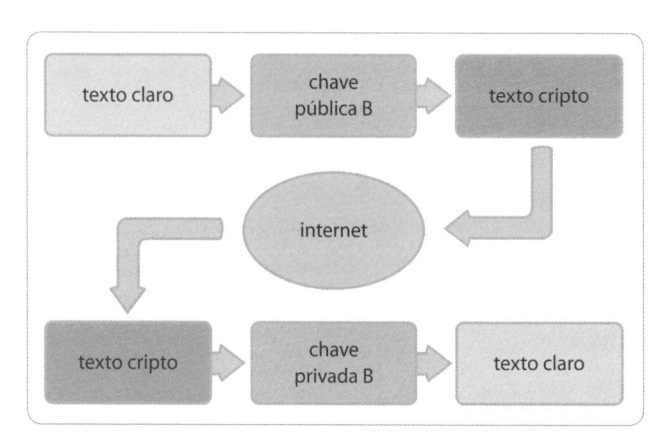

Uma das funções mais utilizadas na criptografia de chave pública e privada é a autenticação.

Podemos criptografar informações com a chave privada e enviar a informação por meio da rede.

Qualquer um que tenha a chave pública (que distribuímos livremente) pode descriptografar a mensagem e ter certeza de que foi enviada por nós (autenticada com nossa *assinatura digital*) e de que não foi alterada. O nome desse processo é assinatura digital. Vejamos, na figura 11, como funciona:

Figura 11
ASSINATURA DIGITAL

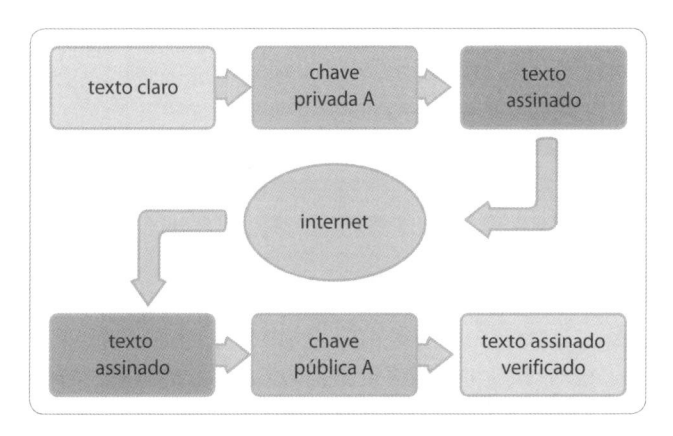

A criptografia de chave pública e privada possui algumas desvantagens, quais sejam:

- lentidão – a criptografia de chave pública e privada leva muito mais tempo para criptografar do que a criptografia de chave secreta;
- chaves grandes – para obter o mesmo nível de segurança de uma chave secreta de 128 bits, é necessário utilizar chaves públicas e privadas de 3.078 bits.

Secure sockets layer

O *secure sockets layer* (SSL) é usado em, praticamente, todos os *sites* que fazem comércio eletrônico na rede: livrarias, lojas de CDs, bancos, etc. O SSL foi desenvolvido pela Netscape e lançado, comercialmente, em 1994. O SSL funciona, de forma simplificada, da seguinte maneira:

Figura 12
Funcionamento do SSL – passo 1

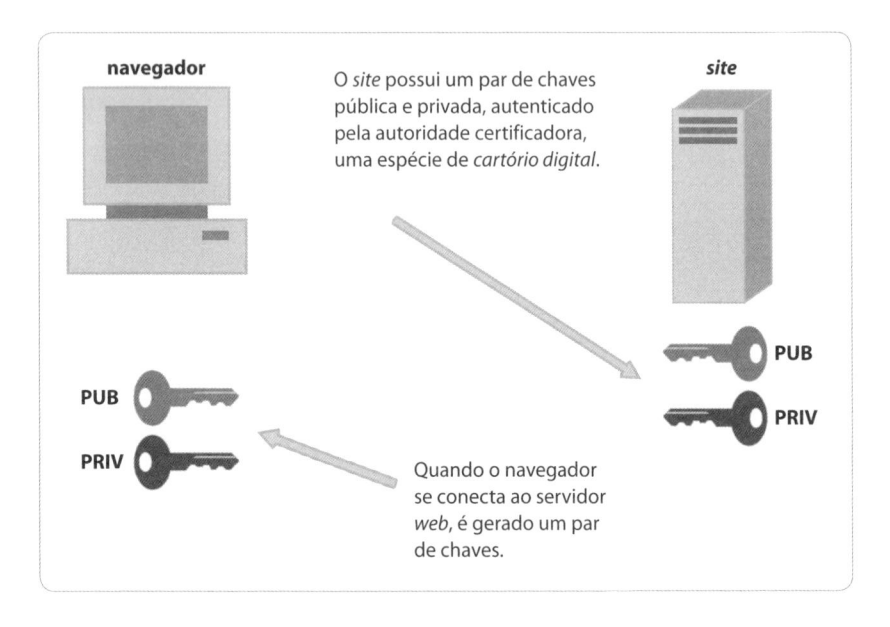

Na etapa seguinte, o navegador e o *site* enviam um para o outro sua chave pública, que é utilizada para criptografar a sessão:

Figura 13
Funcionamento do SSL – passo 2

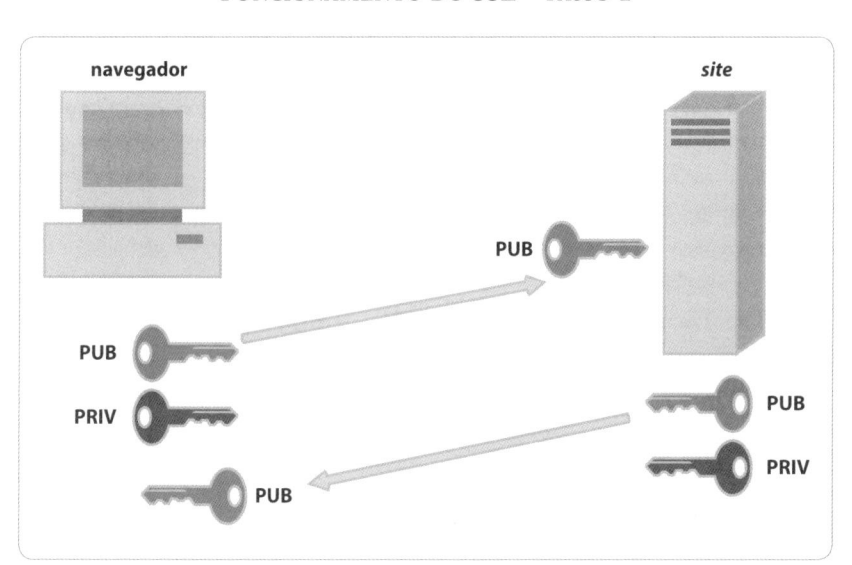

Quando o *site* envia uma página para o navegador, é necessário criptografá-la, já que, sem o uso da criptografia, as informações se tornam vulneráveis na internet:

Figura 14
Funcionamento do SSL – passo 3

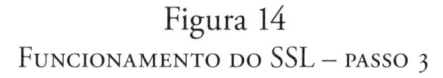

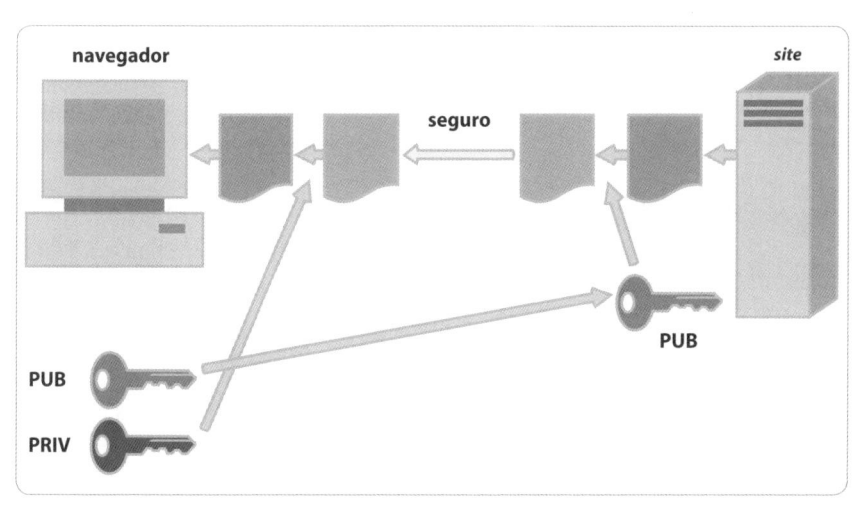

Ao receber a página, o usuário pode preencher as informações necessárias e enviá-las para o *site*.

Analogamente ao caso anterior, o conteúdo deve ser criptografado para não se tornar acessível a *hackers* mal-intencionados:

Figura 15
Funcionamento do SSL – passo 4

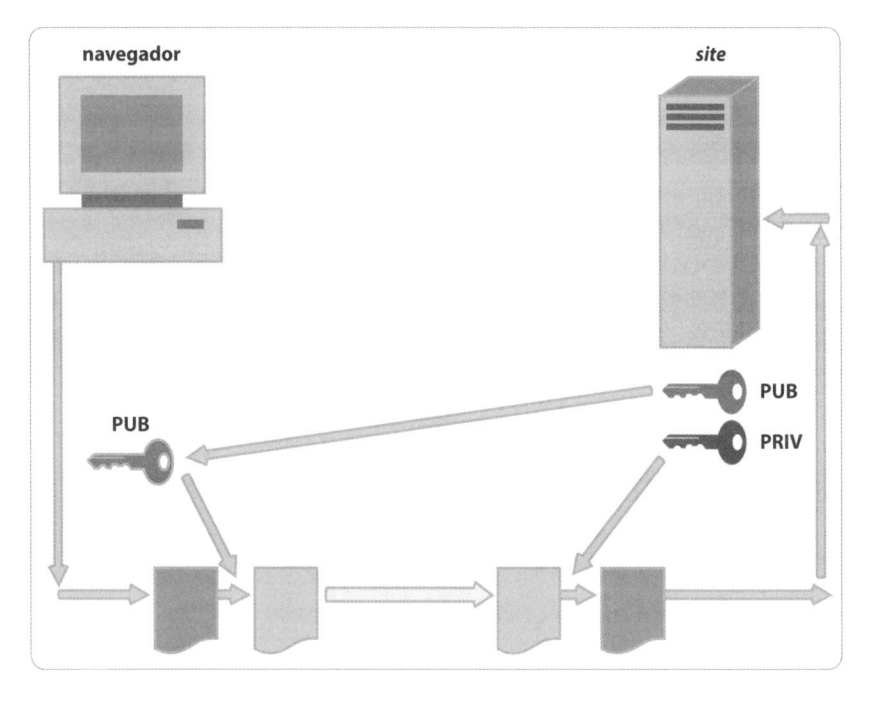

Segurança na transmissão de dados

O SSL destina-se a garantir a segurança durante a transmissão de dados sensíveis por TCP/IP. Devido à grande aceitação, ele acabou-se tornando o protocolo padrão para redes locais.

Os dados protegidos pelo protocolo envolvem o uso de criptografia e descriptografia. Portanto, o uso do SSL aumenta a quantidade de dados transmitidos, tornando mais lenta a transmissão de informações entre o servidor e o navegador.

O SSL fornece criptografia de dados, autenticação de servidor e integridade de mensagem para transmissão de dados pela internet.

O método mais comum da implementação de SSL para aplicações de comércio eletrônico é utilizá-lo apenas para proteger aquelas páginas que contêm informações confidenciais e sensíveis, tais como informações pessoais e de cartão de crédito.

Indicações visuais de ambiente seguro

Na prática, são mostradas para o usuário algumas indicações visuais de que ele se encontra em ambiente seguro, ou seja, protegido pelo SSL, como destaca a figura apresentada a seguir:

Figura 16

AMBIENTE SEGURO

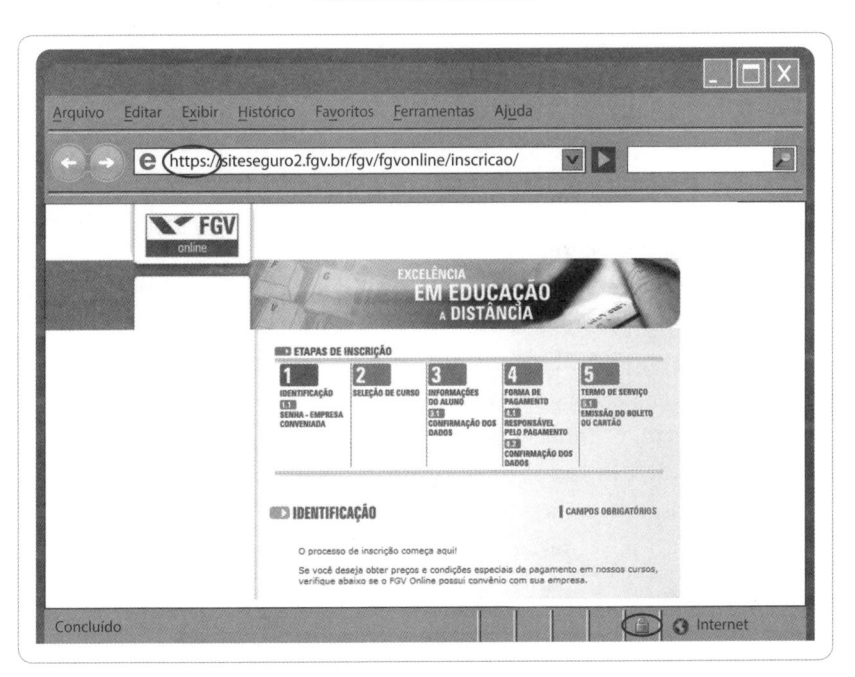

Outsourcing em TI

Inteligência

Rolim Amaro, fundador da Tam, citou, em determinada ocasião, que a empresa *só não terceiriza sua inteligência*. A *inteligência* em questão tem dois sentidos:

- o sentido estrito, literal – que tem a ver com a capacidade de pensar melhor;
- o sentido mais amplo – a facilidade de uma empresa em se fazer entender por seus fornecedores.

A inteligência é uma característica intrinsecamente humana. A capacidade que a empresa tem de reter esse patrimônio se manifesta, diretamente, em seu valor dentro do mercado.

Processo de *outsourcing*

Um processo de *outsourcing* ocorre quando uma ou várias atividades deixam de ser desenvolvidas por trabalhadores em uma relação contratual-trabalhista e são transferidas a outra empresa.

A tradução para o português do neologismo inglês *outsourcing* vem a ser a *externalização* de determinadas áreas funcionais, ou seja, é o que denominamos, no Brasil, de terceirização. Portanto, aplicado em caráter geral, o *outsourcing* não é um conceito novo.

Desse modo, o conceito de *outsourcing* corresponde à contratação, pela empresa, de um terceiro para realizar um trabalho em que está especializado, visando reduzir custos ou evitar que a organização adquira uma infraestrutura própria dificultando a correta execução do trabalho.

Prática do *outsourcing*

O *outsourcing* é uma prática que data do início da era moderna. O conceito de *outsourcing* não é novo no país, já que muitas companhias competitivas o realizam como uma estratégia de negócio.

A importância do *outsourcing* está na concentração dos esforços da companhia em seu *core business*. Por exemplo, se uma empresa é uma concessionária de energia elétrica, por que deveria possuir uma competência extrema em tecnologia da informação?

Pretende-se, com o *outsourcing*, portanto, outorgar maior valor agregado para clientes e produtos mediante:

- agilidade e oportunidade no manejo dos processos transferidos;
- redução dos tempos de processamento;
- redução de custos e de pessoal, na maioria dos casos, bem como potencialização dos talentos humanos.

Processos subcontratados

O processo é impulsionado:

- pela demanda – quando a gerência busca melhores formas de fazer o trabalho rotineiro;
- pelos fornecedores de serviços subcontratados – que se oferecem para assumir, mais e mais, os ônus de trabalho de seus clientes.

Um dos primeiros passos no projeto de *outsourcing* – e talvez o mais importante – consiste em selecionar quais processos poderiam ser subcontratados.

É útil ter uma lista dos critérios para decidir quais são as áreas prováveis para *outsourcing*.

Critério de seleção para *outsourcing*

A priori, é possível tomar como critério de seleção para *outsourcing* dentro de uma companhia aqueles processos que:

- fazem uso intensivo de recursos;
- estão em áreas relativamente independentes;
- usam serviços especializados e de apoio;
- têm padrões de trabalho flutuantes em ônus e rendimento;
- estão sujeitos a um mercado que muda frequentemente.

Áreas recomendadas para terceirização

As atividades para as quais se recomenda a terceirização são:

- áreas que fazem uso intensivo de recursos, custos correntes ou investimento de capital;
- áreas relativamente independentes;
- serviços especializados e outros serviços de apoio;
- aquelas sujeitas a um mercado instável;
- aquelas em que há dificuldade para recrutar, capacitar e reter o pessoal;
- aquelas em que a tecnologia muda rapidamente, requerendo um grande investimento.

Áreas não recomendadas para terceirização

Para algumas áreas, não é recomendada a terceirização. São elas:

- estratégica;
- finanças corporativas;
- controle de fornecedores;
- qualidade;
- normas ambientais;
- segurança;

- áreas que envolvam a satisfação dos requisitos do mercado e regulamentares;
- administração e direção;
- avaliação e gestão da concorrência;
- áreas que exijam diferenciação com relação aos competidores;
- áreas que envolvam a identidade da empresa.

Governança corporativa

Definição

O Instituto Brasileiro de Governança Corporativa (IBGC)[15] define *governança corporativa* como um sistema que assegura aos sócios-proprietários equidade, transparência, responsabilidade pelos resultados e obediência às leis do país.

A governança corporativa permite melhor administração da empresa e se configura como fator para o acesso ao mercado de capitais, traduzindo-se em benefícios aos acionistas.

Diversas normas para governança corporativa vêm sendo adotadas nas empresas, visando à garantia e à preservação do valor da TI dentro de seus negócios.

As normas para governança corporativa mais conhecidas são a Itil, o Cobit e a Sarbanes-Oxley Act.

Cada uma das normas possui peculiaridades que as diferem com relação ao foco e à aplicabilidade, cabendo ao gestor de TI identificar as limitações e os pontos fortes que sejam adequados a sua realidade.

Itil

A Information Technology Infrastructure Library (Itil) é uma biblioteca de boas práticas, que procura promover a gestão com foco no cliente e na qualidade dos serviços de tecnologia da informação, que foi

---

[15] ORIGEM da boa governança. *Instituto Brasileiro de Governança Corporativa*. Disponível em: <www.ibgc.org.br/Secao.aspx?CodSecao=18>. Acesso em: 3 out. 2012.

desenvolvida pela Central Computer and Telecommunications Agency (CCTA), o equivalente britânico da Anatel.

A Itil abrange estruturas de processos para a gestão de uma organização de TI e apresenta um conjunto compreensivo de processos e de procedimentos gerenciais, organizados em disciplinas. Com esses conhecimentos, uma organização pode fazer sua gestão tática e operacional, buscando alcançar o alinhamento estratégico com os negócios.

Como os profissionais de TI podem certificar-se na disciplina Itil (analogamente à certificação PMP, do Project Management Institute, para gerentes de projetos), muitas empresas já exigem essa certificação para a contratação de profissionais e fornecedores. Profissionais como esses podem atuar em projetos de implementação de gestão de serviço.

Analogamente a outras normas britânicas, o Itil se tornou a base para a ISO 20000, para o gerenciamento de serviços de TI (GSTI).

Cobit

O Control Objectives for Information and Related Technology (Cobit) é uma norma técnica relacionada com a gestão de tecnologia da informação.

O Cobit inclui:

- sumário executivo;
- *framework*;
- controle de objetivos;
- mapas de auditoria;
- ferramentas para implementação;
- guia com técnicas de gerenciamento.

A ideia principal do Cobit é otimizar os investimentos em TI, independentemente das plataformas de TI adotadas nas empresas, do tipo de negócio, e do valor e da participação que a tecnologia da informação possui na cadeia produtiva da empresa.

Analogamente à certificação Itil, profissionais de TI também podem certificar-se em Cobit.

Sarbanes-Oxley

Sarbanes-Oxley Act ou Lei Sarbanes-Oxley é uma lei americana, proposta pelo senador Paul Sarbanes (democrata de Maryland) e pelo deputado Michael Oxley (republicano de Ohio).

A motivação da lei foram os diversos escândalos financeiros corporativos no mercado americano, tais como os da Enron, da Arthur Andersen e da Xerox.

A lei buscava restaurar a confiança dos investidores na governança das empresas e criar mecanismos de auditoria e segurança nas empresas, incluindo regras para a criação de estruturas encarregadas de evitar a ocorrência de fraudes e diminuir riscos, procurando a transparência de gestão.

A lei Sarbanes-Oxley foi apelidada de Sarbox ou SOX.

Autoavaliações

Questão 1:

A cada ano, o número de usuários da internet aumenta no mundo. Em 2006, por exemplo, o número de usuários da rede era superior a um bilhão de pessoas.
Quanto à internet, podemos afirmar que surgiu como:

a) um projeto conjunto do FBI e da Nasa.
b) um projeto para testar a viabilidade de uma rede de computadores em nível nacional.
c) uma forma anárquica de comunicação, na qual seriam criadas comunidades virtuais.
d) uma rede que permitisse que as pessoas de todo o mundo compartilhassem arquivos.

Questão 2:

O conceito de *bureau* de serviços começou a ser difundido no final da década de 1950, mas só foi largamente utilizado nas décadas de 1960 e 1970.
O *bureau* de serviços servia para:

a) proporcionar auditorias de segurança nos PCs dos usuários.
b) rodar serviços padrão e alugar hora de máquina para o cliente.
c) implantar rotinas de segurança e prestar consultorias para os clientes.
d) desenvolver sistemas para a plataforma *Windows* e distribuí-los por meio de canais específicos.

Questão 3:

A infraestrutura dos *internet data centers* consiste em um ambiente desenvolvido para ser um hotel de servidores, provendo tudo o que é necessário às empresas da nova economia.

As principais características dos *internet data centers* são:

a) *unbundling, outsourcing, e-commerce* e *downsizing.*
b) desenvolvimento, auditoria, implantação e manutenção.
c) implantação, gerenciamento, convergência e distribuição.
d) infraestrutura, escalabilidade, gerenciamento e disponibilidade.

Questão 4:

Uma solução de segurança adequada deve satisfazer os princípios da confiabilidade, autenticidade, integridade e disponibilidade.

Em segurança da informação, o princípio da confiabilidade significa a:

a) identificação correta de um usuário ou de um computador.
b) proteção das informações contra sua revelação para alguém não autorizado.
c) proteção contra modificação sem a permissão explícita do proprietário da informação.
d) identificação dos serviços prestados pelo sistema de forma que eles se tornem indisponíveis sem autorização.

Questão 5:

A criptografia é implementada por meio de funções matemáticas usadas para codificar os dados e garantir segredo e autenticação.

Quando analisamos o esquema de criptografia de chave pública e privada, podemos afirmar que:

a) o esquema utiliza uma única chave para criptografar um conteúdo.
b) o esquema é muito mais rápido e eficiente do que o da chave secreta.
c) as chaves utilizadas têm de ser muito maiores do que o de chave secreta.
d) as chaves aumentam exponencialmente com o aumento do número de usuários.

Questão 6:

O *secure sockets layer* (SSL) foi lançado comercialmente em 1994 e tem sido desenvolvido pela Netscape.

Em relação ao protocolo SSL, é correto afirmar que:

a) é uma prática comum, que criptografa todas as páginas de um *site*.
b) foi desenvolvido para assegurar acesso à rede de maneira democrática.
c) é o protocolo de segurança mais utilizado em *sites* de comércio eletrônico.
d) foi desenvolvido para transmitir, de maneira rápida, os dados criptografados.

Questão 7:

O protocolo SSL destina-se a dar segurança durante a transmissão de dados sensíveis por TCP/IP.

Ao entrar em modo seguro, são exibidas algumas indicações visuais no navegador. Uma dessas indicações é:

a) o uso de *ftp://* em vez de *http://*.
b) o uso de *https://* em vez de *http://*.
c) um pote dourado indicando *área segura*.
d) um desenho quadriculado em que está escrito *área de segurança*.

Questão 8:

O *outsourcing* ocorre quando alguma atividade, que antes era desenvolvida a partir de uma relação contratual-trabalhista, é transferida a outra empresa.

Entre as áreas em que é recomendável fazer *outsourcing*, podemos citar as que:

a) cuidam das questões relativas à segurança da empresa.
b) controlam o padrão de qualidade dos processos e dos produtos.
c) relacionam-se com os projetos estratégicos e financeiros da empresa.
d) fazem uso intensivo de recursos, custos correntes ou investimento de capital.

Questão 9:

A governança é uma prática que vem permitindo uma melhor administração das empresas.

Podemos definir *governança corporativa* como:

a) conjunto de normas relacionadas ao recolhimento de tributos.

b) conjunto de qualidades que é aplicado no controle estatístico de processos (CEP).

c) sistema de criptografia que garante o sigilo das informações trocadas com a autoridade fiscal.

d) sistema que assegura aos sócios-proprietários equidade, transparência, responsabilidade pelos resultados e obediência às leis do país.

Questão 10:

Várias normas para governança corporativa vêm sendo adotadas nas empresas visando à garantia e à preservação do valor da TI dentro de seus negócios.

Entre as principais normas para governança corporativa, podemos citar:

a) CCTA, Anatele Ibama.

b) Itil, Cobit e Sarbanes-Oxley Act.

c) ITU-T, Epper-Bouxley Act e SOX-BOX.

d) CCITT, ISO 54601 e ABNT NBR 10006.

Módulo III – Aplicações nas organizações

Módulo III – Aplicações nas organizações

Neste módulo, abordaremos os principais sistemas de informação existentes nas organizações, o que inclui as melhores práticas para a implantação dos sistemas integrados de gestão (ERP), sistemas de gerenciamento do relacionamento com os clientes (CRM) e de inteligência nos negócios (BI).

Sistemas de informação

Diversas visões

Diversas visões podem ser utilizadas para definir o que é um sistema de informação. Vejamos as dos outros autores a seguir:

A) Turban:[16] "um sistema que coleta, processa, armazena, analisa e dissemina dados e informações para um propósito específico".

B) Shore:[17] "um sistema utilizado para coletar, armazenar, processar e apresentar informações para apoiar as necessidades de informações de uma empresa".

C) Lucas:[18] "um conjunto de procedimentos organizados que, quando executados, provêm informações para apoiar processos de tomada de decisões e controlar a organização".

D) Flynn:[19] "um sistema que provê procedimentos para registrar e tornar disponível informação, sobre parte de uma organização, para apoiar atividades relacionadas com a própria organização".

E) Laudon:[20] "é um conjunto de componentes inter-relacionados, utilizados para sentir, comunicar, analisar e apresentar informações com o propósito de melhorar nossa capacidade de perceber, compreender, controlar e criar".

Além disso, um sistema de informações moderno:

- coleta dados no ambiente em que opera usando recursos de sensoriamento e telecomunicações – entrada;

[16] TURBAN, E. et al. *Information technology for management*. 8. ed. New York: John Wiley & Sons, 2011.
[17] SHORE, B. *Introduction to computer information systems*. New York: Harcourt School, 1987.
[18] LUCAS, H. *Information systems concepts for management*. New York: McGraw-Hill, 1986.
[19] FLYNN, D. *Information systems requirements*: determination and analysis. London: McGraw-Hill, 1982.
[20] LAUDON, K.; LAUDON, J. *Management information systems*. New Jersey: Prentice Hall, 2011.

- analisa essas informações usando *software* e *hardware* – processo;
- apresenta o produto como informação útil – saída.

Vantagens

As vantagens do uso de sistemas de informações são bastante claras:

- maior eficiência;
- maior controle sobre as operações;
- menores custos;
- menor quantidade de erros;
- melhoria dos serviços ao consumidor;
- melhor planejamento e organização das atividades operacionais e de distribuição;
- decisões baseadas em melhores informações;
- menor dependência de processos intensivos em mão de obra não especializada.

Impactos negativos

O uso de sistemas de informação causou impactos negativos na estrutura do trabalho, tais como:

A) Desemprego tecnológico:

Provocado pelo avanço das tecnologias baseadas em microeletrônica e pela consequente introdução de máquinas de controle numérico, robôs e computadores, substituindo pessoas.

B) Isolamento das pessoas:

Provocado pela maior autonomia em relação aos serviços de apoio e às possibilidades criadas para o trabalho a distância, até mesmo, em grupo.

C) Empobrecimento das funções do trabalho:

Por exemplo, o caso dos gerentes de banco, que, em épocas passadas, tinham autonomia para conceder um empréstimo a um cliente específico, com base no histórico e em sua percepção em relação a esse cliente. O cargo tinha um valor agregado, que deixou de existir.

No modelo atual, o sistema de informação fica responsável por essa análise e pela consequente liberação de crédito no caso do banco.

D) Intensificação do trabalho:

Hoje, em termos de produtividade, trabalhamos mais do que várias pessoas há 50 anos. Bons exemplos são a quantidade de *e-mails* que enviamos por dia, de pessoas com quem falamos, diretamente, todos os dias. Não conseguimos perceber o tempo extra liberado pelo uso das máquinas em nosso dia a dia.

E) Redução do nível de autonomia:

A redução do nível de autonomia vem acompanhada do aumento do controle dos funcionários.

Evolução dos sistemas de informação

O progresso do *software* ficou caracterizado em quatro épocas bem distintas:

- da década de 1950 até meados da década de 1960;
- entre meados da década de 1960 até final da década de 1970;
- até o final da década de 1980;
- da década de 1990 em diante.

Dos anos 1950 a meados dos anos 1960, prevaleceu a aplicação customizada com distribuição limitada. O próprio usuário desenvolvia seu sistema, quase sempre, um sistema simples. Esse processo quase informal não exigia qualquer técnica de projeto, controle de qualidade ou documentação.

Já entre meados dos anos 1960 e fim dos anos 1970, houve um aumento na complexidade dos sistemas de informação, com o surgimento dos sistemas em tempo real, os bancos de dados, os *softwares* e as *software houses*. Passou-se a exigir manutenção à medida que havia erros a serem consertados, além de modificações solicitadas pelos usuários a serem inseridas. Predominava a interface gráfica.

A crescente importância dos *softwares* tornou-se visível diante do grande volume da distribuição de cópias e de seu percentual no custo total do sistema, que chegava a 80%.

A terceira fase foi até o final dos anos 1980 e contou com o advento do microprocessador e da difusão em larga escala dos computadores pessoais (PCs). Vejamos, na figura 17, um exemplo da interface gráfica de segunda geração, que predominou nessa fase:

Figura 17
INTERFACE GRÁFICA DE 2ª GERAÇÃO

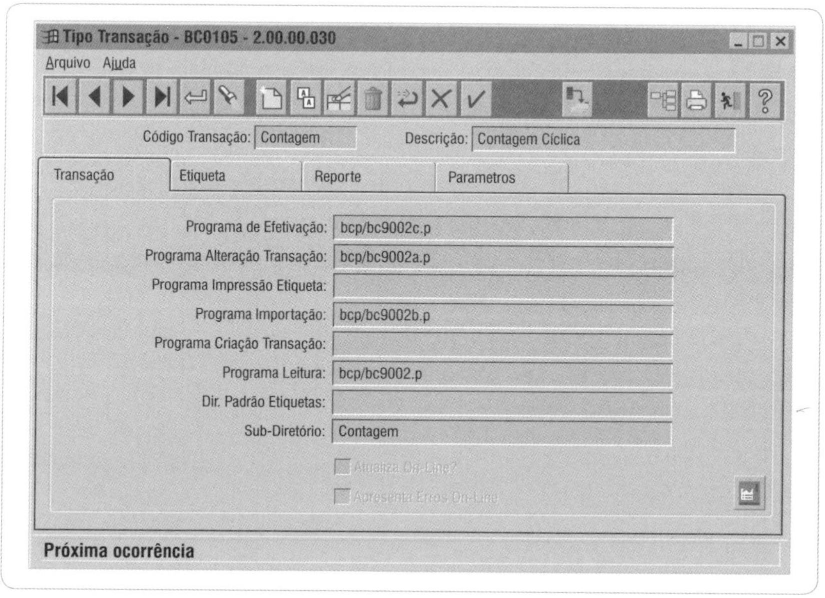

O *hardware* transforma-se em *commodity*. O elemento de diferenciação passa a ser o *software*. Vejamos, na figura 18, como se mostrava a interface de *web* emulada:

Figura 18
INTERFACE DE *WEB* EMULADA

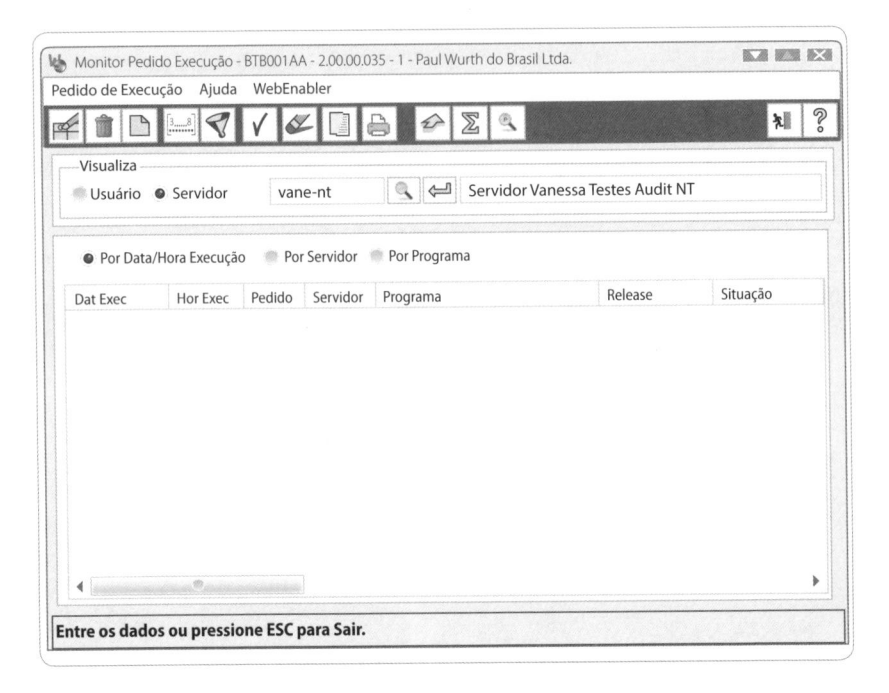

A quarta etapa do desenvolvimento dos *softwares*, posterior à década de 1980, é caracterizada por um maior grau de complexidade, por meio dos sistemas especialistas, da computação paralela e dos sistemas de multimídia.

Os sistemas de informação, produto do desenvolvimento de *software*, passaram por evolução similar ao longo dessas décadas. Observemos, na figura 19, a interface de *web* nativa:

Figura 19
INTERFACE DE *WEB* NATIVA

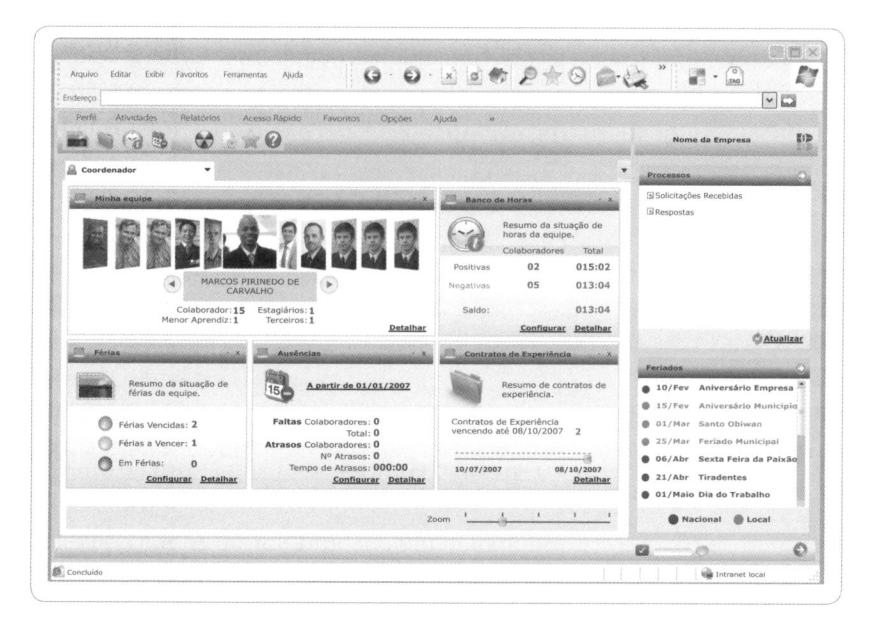

Modelo de Ward

Vejamos como se deu o desenvolvimento do modelo de Ward:

A) 1ª era – processamento de dados:

A eficiência era o objetivo principal, tendo como instrumento a automação de procedimentos operacionais. Os sistemas eram orientados para o processamento de transações.

B) 2ª era – sistemas de informação gerencial:

A eficiência da organização é mantida como objetivo, mas a orientação dos sistemas passa para o fornecimento de informações.

A mudança foi facilitada pelo advento dos microcomputadores, das redes e pela introdução das funções de consulta para apoiar os sistemas de suporte à decisão.

C) 3ª era – sistemas de informação estratégicos:

Os sistemas são voltados para o aumento da competitividade das organizações, pela mudança que introduzem na natureza ou na maneira de conduzir o negócio.
Observemos, graficamente, a evolução do modelo de Ward no tempo:

Figura 20
EVOLUÇÃO DO MODELO DE WARD

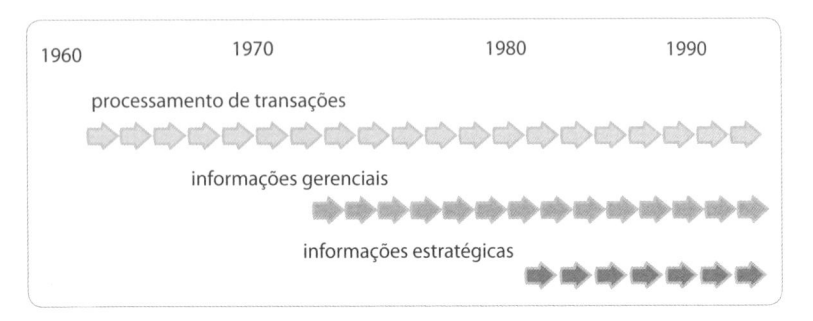

Classificação dos sistemas de informação

Para a classificação dos sistemas de informação, são considerados os diferentes níveis hierárquicos da empresa nos quais são tomadas as decisões a que dão suporte. Além dos três níveis clássicos – operacional, tático e estratégico –, é considerado um outro nível, chamado nível de conhecimento – *knowledge level*.

O *knowledge level* é responsável pela criação de novas informações e novos conhecimentos e está situado entre o operacional e o tático. Ele é formado por analistas de sistema, engenheiros, advogados, cientistas, analistas financeiros, etc.

Com a função de atender às necessidades operacionais, há sistemas altamente estruturados, denominados sistemas de processamento transacional – *transaction processing systems* (TPS).

Esses sistemas estão ligados às transações e operações rotineiras que servem de base aos negócios da empresa, tais como:

- entrada de pedidos de vendas;
- emissão de notas fiscais;
- liberação de crédito;
- requisições de materiais;
- lançamentos de produção.

Nos sistemas de processamento transacional, tanto os dados de entrada quanto as formas de processamento são previamente conhecidos.

Dentre os sistemas que dão apoio aos trabalhadores no nível do conhecimento das empresas, encontram-se:

- os sistemas de trabalho em conhecimento – *knowledge work systems* (KWS) –, que auxiliam no processo de criação da informação;
- os sistemas de automação de engenharia, do tipo CAD/CAM;
- os sistemas de automação de escritório – *office automation systems* (OAS) –, que gerenciam os documentos internos e a comunicação entre os funcionários – como correios eletrônicos, planilhas e editores de texto.

Esses sistemas facilitam a criação, a distribuição e a integração de conhecimentos e informações, criados ou adquiridos nos negócios da empresa.

No nível gerencial das empresas, estão as atividades realizadas pelas gerências médias, relacionadas ao monitoramento e ao controle das atividades realizadas no nível operacional.

Existem dois tipos de sistemas desenhados para dar suporte a essas atividades:

- os sistemas de informações gerenciais – *management information systems* (MIS);
- os sistemas de apoio à decisão – *decision support systems* (DSS).

Os sistemas de informações gerenciais permitem que os gerentes acompanhem o andamento dos processos empresariais e comparem seu desempenho com padrões estabelecidos, a partir de resumos das transações operacionais realizadas nos sistemas de processamento transacional.

Tais sistemas são considerados sistemas estruturados na medida em que as informações são previamente estabelecidas e pouco flexíveis. As informações são utilizadas nas decisões gerenciais de rotina e orientadas apenas ao interior da empresa.

Exemplos desses sistemas são relatórios semanais e mensais de vendas, resumidos por produto ou área de vendas. Fazendo uma analogia, a análise das informações permite progressos em todas as áreas gerenciáveis.

Para dar suporte a decisões menos rotineiras e estruturadas, que não são conhecidas previamente, encontram-se os sistemas de apoio à decisão.

Os sistemas de apoio à decisão contam com ferramentas de análise mais avançadas, como simulação de cenários e reordenação das informações apresentadas.

No nível estratégico da empresa, as decisões são bem menos estruturadas. Elas se referem ao posicionamento da organização diante das mudanças em seu ambiente e do planejamento das consequências internas desse posicionamento.

Os sistemas de informação que dão apoio aos gerentes e aos diretores desse nível hierárquico, conhecidos como sistemas de apoio aos executivos (ESS), devem ser bem menos estruturados e muito mais flexíveis. Eles integram ferramentas de comunicação e sistemas de recebimento de informações de mercado e concorrência aos sistemas anteriormente apresentados de apoio à decisão. Vejamos a representação a seguir:

Figura 21
Níveis organizacionais

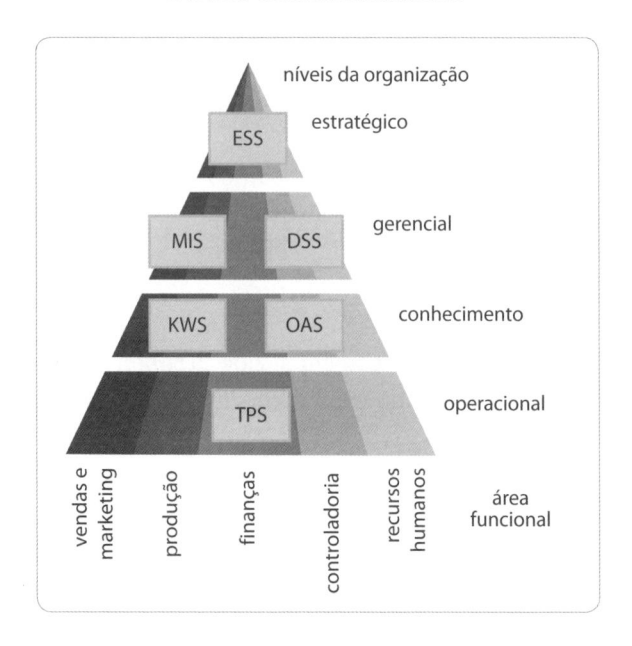

Enterprise resource planning

Sistemas de informação integrados

Os sistemas *enterprise resource planning* (ERP) podem ser definidos como sistemas de informação integrados. Tais sistemas têm a finalidade de dar suporte à maioria das operações de uma empresa e são adquiridos na forma de um pacote de *software* comercial.

Os sistemas ERP são geralmente divididos em módulos. Os módulos se comunicam e atualizam uma mesma base de dados central. As informações são alimentadas em um módulo e disponibilizadas para os demais módulos que delas dependam.

Os sistemas ERP permitem a utilização de ferramentas de planejamento que analisam o impacto de decisões de manufatura, suprimentos, finanças ou recursos humanos na empresa.

A Deloitte Consulting[21] define ERP como um pacote de *software* de negócios que permite a uma companhia automatizar e integrar a maioria de seus processos de negócio, compartilhar práticas e dados comuns através de toda a empresa e produzir e acessar informações em um ambiente de tempo real.

Segundo a Techweb,[22] o ERP é um sistema de informações integrado que serve a todos os departamentos em uma empresa. Tendo sido desenvolvido a partir de indústrias de manufatura, o ERP implica o uso de pacotes de *software* ao invés de sistemas desenvolvidos internamente ou apenas para um cliente. Os módulos do ERP podem ser capazes de interagir com outros sistemas da organização, com grau de dificuldade variável, e, dependendo do fornecedor, pode ser alterado por meio de programação.

Características

Os sistemas ERP possuem uma série de características que, tomadas em conjunto, claramente os distinguem dos sistemas desenvolvidos internamente nas empresas e de outros tipos de pacotes comerciais.

---

[21] DELOITTE CONSULTING. ERP's second Wave, 1998.
[22] TECHWEB. Disponível em: <www.techweb.com>.

Essas características são importantes para a análise de possíveis benefícios e dificuldades relacionados com sua utilização e com os aspectos pertinentes ao sucesso de sua implementação.

Portanto, podemos dizer que os sistemas ERP:

- são pacotes comerciais de *software*;
- são desenvolvidos a partir de modelos-padrão de processos;
- são integrados;
- têm grande abrangência funcional;
- utilizam um banco de dados corporativo;
- requerem procedimentos de ajuste.

Pacotes comerciais

A utilização de pacotes comerciais tem como objetivo principal tratar dois dos grandes problemas relacionados à construção de sistemas por meio dos métodos tradicionais de análise e programação:

- o não cumprimento de prazos;
- o não cumprimento de orçamentos.

Segundo Martin:[23] "muito já se escreveu sobre o que há de errado com o processamento de dados hoje em dia, existindo registros de vários anos. A construção de sistemas toma muito tempo e seu custo é muito alto.".

Em média, os projetos de desenvolvimento de *software* excedem o cronograma em 50%. Os projetos maiores, geralmente, ultrapassam mais o cronograma. Já existem várias alternativas para tentar resolver esse problema, tais como:

- o uso de novas metodologias de desenvolvimento e de gerenciamento de projetos – como as do Project Management Institute (PMI) e do International Project Management Association (IPMA);
- a definição de protótipos;
- a utilização de ferramentas *case*;

---

[23] MARTIN, J. *Design and strategy for distributed data processing.* New Jersey: Prentice Hall, 1981.

- as linguagens e metodologias orientadas a objeto, que têm como objetivo permitir a reutilização de componentes de *software*.

Entre as alternativas, também se encontra a utilização de pacotes comerciais de *software*.

Brooks[24] afirma que: "a mais radical solução para os problemas da construção de *software* é não construí-los mais".

O maior custo do *software* sempre foi o custo de desenvolvimento, não o de replicação. Dividindo esse valor entre diversos usuários, mesmo que poucos, reduzimos, radicalmente, seu custo unitário.

Processos de negócios

Outra característica importante relacionada aos ERPs é a utilização de modelos padrão de processos de negócios, que podem ser definidos como um conjunto de tarefas e de procedimentos interdependentes, realizados para alcançar um determinado resultado empresarial.

Segundo Davenport e Short,[25] uma das características dos processos de negócios é o fato de que eles, normalmente, cruzam fronteiras organizacionais.

As tarefas de um mesmo processo podem ser realizadas por diferentes departamentos em uma empresa. O desenvolvimento de um novo produto, o atendimento de uma solicitação de um cliente ou a compra de materiais são exemplos de processos.

Requisitos genéricos

Assim como os demais pacotes comerciais, os sistemas ERP não são desenvolvidos para clientes específicos. Eles procuram atender a requisitos genéricos do maior número possível de empresas, justamente para explorar o ganho de escala em seu desenvolvimento.

---

[24] BROOKS, F. *The mythical man-month*: essays on software engineering. Reading, MA: Addison-Wesley, 1995.

[25] DAVENPORT, T. H.; SHORT, J. E. The new industrial engineering: information technology and business process redesign. *Sloan Management Review*, 1990.

Para que os sistemas ERP possam ser construídos, é necessário que incorporem modelos de processos de negócio, obtidos por meio da experiência acumulada pelas empresas fornecedoras, em repetidos processos de implementação, ou elaborados por empresas de consultoria e pesquisa em processos de *benchmarking*.

Melhores práticas

Os ERPs também implementam as chamadas melhores práticas. O termo *best practices* é utilizado, amplamente, por fornecedores de sistemas ERP e consultores para designar esses modelos-padrão, mas é preciso certo cuidado quanto a seu real significado.

Davenport[26] afirma que: "[no caso dos sistemas ERP] é o fornecedor, e não o cliente, que define o que melhor quer dizer [...] em alguns casos, os pressupostos do sistema podem ir, realmente, de encontro aos interesses da empresa".

O Gartner Group,[27] por exemplo, refere-se aos modelos-padrão de processos como *average practices* – práticas comuns.

Catálogo de processos empresariais

Os sistemas ERP disponibilizam um catálogo de processos empresariais criados a partir de um extenso trabalho de pesquisa e experimentação. O acesso a esse catálogo por si só já pode ser interessante para as empresas.

Muitas vezes, estão incluídos, nesse catálogo, processos e funções que faziam parte dos planos de desenvolvimento de sistemas da empresa e que ainda não haviam sido implementados.

A adoção de um sistema ERP torna-se uma oportunidade para que esses processos sejam, realmente, incorporados aos sistemas da empresa.

---

[26] DAVENPORT, T. H. *Mission critical*: realizing the promise of enterprise systems. Boston: Harvard Business Review Press, 2000.

[27] GARTNER GROUP. *ERP and Supply Chain Management*, 2004.

Integração

A integração é outra importante característica dos ERPs. Os sistemas ERP realmente integrados são construídos como um único sistema empresarial que atende a diversos departamentos da empresa, em oposição a um conjunto de sistemas que atendem, isoladamente, a cada um deles. Entre as possibilidades de integração oferecidas por sistemas ERP, está o compartilhamento de informações comuns entre os diversos módulos. Cada informação é alimentada no sistema uma única vez, e há verificação cruzada de informações entre diferentes partes do sistema. Um exemplo de verificação cruzada é a verificação de notas fiscais de entrada no recebimento, comparando-as com os dados de pedidos de compra e garantindo o recebimento apenas com preços e quantidades corretos.

Outra possibilidade é o fornecimento instantâneo de informações, assim que são alimentadas no sistema, para todos os módulos que delas se utilizem.

Segundo Burch e Grudnitski,[28] a integração é um poderoso elemento no desenho de sistemas de informação devido à crescente necessidade de coordenação e de sincronização de operações dentro e fora das organizações, e as organizações devem ser vistas como sistemas únicos, formados de partes interdependentes que formam um todo unificado. O objetivo dos sistemas integrados é disponibilizar um fluxo de informações em vários níveis e interdepartamental que possa dar suporte a essa interdependência.

O fato de um sistema ERP ser integrado não leva, necessariamente, à construção de uma empresa integrada. O sistema é meramente uma ferramenta para que o objetivo seja atingido. Uma analogia que podemos citar é a de que a utilização de um editor de texto – por exemplo, *Microsoft Word* – não faz de uma pessoa um escritor. Entretanto, um escritor pode melhorar sua produtividade com a utilização de um editor.

Entre as diversas formas de desenvolver sistemas totalmente integrados, está a utilização de um único banco de dados centralizado (banco de dados corporativo), utilizado pelo ERP.

---

[28] BURCH, J. G.; GRUDNITSKI, J. *Information systems*: theory and practice. 5. ed. New York: John Wiley & Sons, 1989.

O que poderia gerar desafios organizacionais significativos para a empresa, devido às dificuldades de implementação, é compensado pelas vantagens que essa solução traz.

Abrangência funcional dos ERPs

A grande abrangência funcional dos ERPs e a ampla gama de funções empresariais atendidas os diferem dos pacotes de *software* tradicionais.

Normalmente, no caso dos demais pacotes, apenas uma função empresarial é atendida, possivelmente, com maior profundidade do que por meio da utilização de um sistema ERP. A ideia dos sistemas ERP é cobrir o máximo possível de funcionalidades, atendendo ao maior número possível de atividades na cadeia de valor.

Ainda assim, existem pacotes especialmente desenvolvidos para o atendimento de determinadas funções empresariais que superam os sistemas ERP no atendimento a essas funções.

Customer relationship management

O *customer relationship management* (CRM) é o conjunto de estratégias, processos e ferramentas concebido para viabilizar a utilização das informações a respeito de clientes, advindas das diversas áreas da empresa. As informações são transformadas em ações concretas no sentido de satisfazer e de fidelizar clientes, rentabilizando, ao máximo, as oportunidades de negócios dentro de cada perfil específico.

Conceitualmente, CRM pode ser entendido como o gerenciamento e a otimização de todas as formas de relacionamento entre a empresa e seus clientes.

O CRM também é conhecido pelos seguintes nomes:

- marketing *one-to-one*;
- gerência do relacionamento corporativo (ERM);
- marketing em tempo real;
- gerência do relacionamento contínuo;
- marketing de relacionamento possibilitado pela tecnologia.

Processo contínuo

Customer relationship management ou gerenciamento do relacionamento com clientes é um processo contínuo e evolutivo de comunicação com nossos clientes.

O conceito de CRM não é novo. Afinal, no passado, conhecíamos nossos clientes pelo nome, onde viviam, que tipo de serviços necessitavam e quando os necessitavam. Sabíamos como queriam que esses serviços fossem prestados, como queriam pagar suas contas e de quantos recursos podiam dispor.

O modelo CRM foi utilizado pela sociedade por centenas de anos, até que a tecnologia nos permitiu produzir bens e serviços em massa para mercados de massa.

De um dia para outro, esquecemos como praticar a gerência do relacionamento. Em vez de vender para clientes de forma individual, passamos a lutar por maior participação no mercado.

O modelo lógico do CRM pode ser resumido por meio do fluxograma a seguir:

Figura 22
MODELO LÓGICO DO CRM

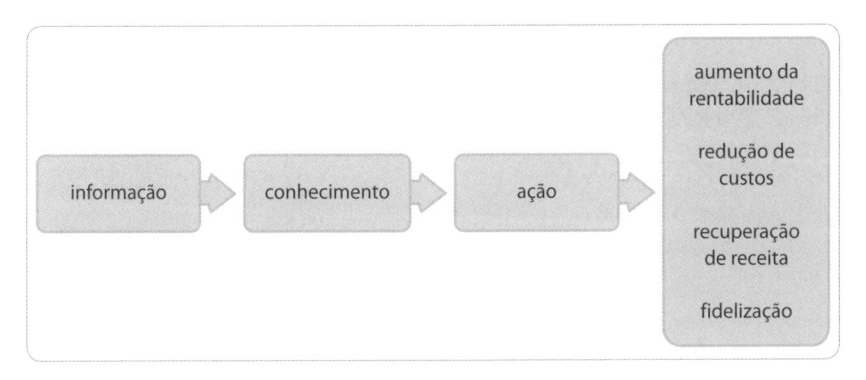

Possibilidades

Por meio do CRM, é possível:

- a diferenciação dos clientes por suas necessidades de nicho e individuais – aumento do aprendizado da empresa;
- a otimização do acesso às informações e ofertas pertinentes às necessidades dos clientes;
- a consolidação de todos os dados capturados, interna e externamente, em um banco de dados central;
- a análise dos dados consolidados;
- o aumento de qualidade repassada ao cliente, por meio de novos métodos operacionais para atrair e reter clientes;
- a distribuição dos resultados da análise aos vários pontos de contato com o cliente;
- a captura dos dados do cliente ao longo de todo o relacionamento com a empresa;
- o uso da informação na interação com o cliente por meio de qualquer ponto de contato com a empresa.

Análises das interações

Um argumento para se criar uma cultura voltada ao cliente consiste no seguinte: por meio das análises das interações que os clientes fazem com a empresa, por meio de todos os canais de contato – como os tradicionais sistemas de ERP, registros de *call center*, sistemas de automação de vendas, sistemas legados –, é permitido conhecer o cliente a ponto de chamá-lo pelo nome, saber como é seu hábito de consumo, o valor que representa, etc.

Desse modo, a empresa pode prestar atendimentos personalizados e oferecer produtos ou serviços que mais se encaixam ao perfil de cada cliente.

Visão dos processos

Podemos entender a visão dos processos do CRM por meio do seguinte esquema:

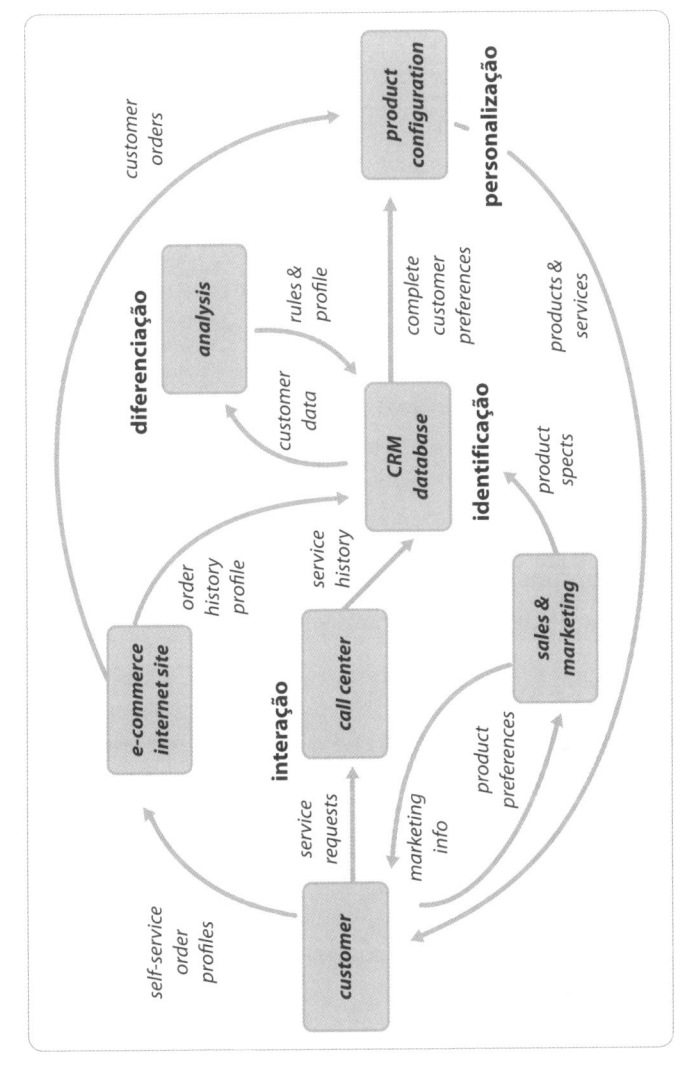

Figura 23
Processos CRM

Abordagem ou tema

Podemos distinguir um projeto de CRM de acordo com sua abordagem ou seu tema, que pode ser:

A) Operacional:

Visa, principalmente, melhorar o relacionamento direto entre a empresa e o cliente por meio de canais como a internet ou *call centers*. Tais melhorias são conseguidas agrupando informações antes espalhadas pelos diversos setores da empresa, definindo, com maior precisão, o perfil do cliente e permitindo, desse modo, que a empresa esteja melhor preparada na hora de se relacionar com ele.

B) Analítico:

Trata da análise das informações obtidas sobre o cliente nas várias esferas da empresa, permitindo descobrir, entre outras informações, o grau de fidelização dos clientes, seus diferentes tipos, suas preferências e suas rejeições quanto a produtos e serviços.

C) Colaborativo:

Procura integrar as estruturas e os benefícios dos outros dois temas descritos. Enquanto o CRM operacional está mais focado nos níveis tático e operacional, e o CRM analítico, nos níveis estratégico e tático, o CRM colaborativo procura gerar melhorias nos três níveis.

A principal característica da abordagem colaborativa está na possibilidade de criar, aumentar e gerenciar a interação com o cliente. Para isso, é necessário que a empresa possua um meio adequado para a interação (abordada no CRM operacional) e informações suficientes sobre seus clientes (obtidas por meio do CRM analítico) de forma centralizada e integrada.

Um exemplo interessante que ilustra o CRM é o caso dos bancos de couro dos carros da Cadillac, divisão de luxo da General Motors.[29]

A General Motors sempre pagou um alto preço na compra de couros que não tivessem manchas e fossem de primeira para revestimento dos bancos dos Cadillacs. Contudo, quando pediram aos proprietários que dessem notas a suas percepções de aparência de estofamento, as notas da Cadillac foram baixas.

O departamento de engenharia da GM ficou intrigado. Como poderiam tirar notas baixas se tecnicamente aquele era o melhor couro do mundo?

O CRM da empresa passou, então, a pesquisar, por meio de entrevistas com clientes, suas percepções em relação à qualidade do couro: textura, sensação e odor.

A Cadillac constatou que, se o estofamento de couro fosse perfeito demais os proprietários desconfiavam que fosse feito de vinil. Diante disso, os padrões de qualidade passaram a permitir um grau de manchas naturais, além de manter o cheiro do couro. A satisfação dos clientes aumentou e a empresa tem economizado US$ 1 milhão por ano em despesas com couro.

Outras propriedades

O conceito de CRM se propõe também a promover a redução de custos internos, bem como aumentar a produtividade dos funcionários e o volume de vendas, ampliando, desse modo, a lucratividade das empresas.

Além de investimentos nos aspectos tecnológicos, em um projeto de CRM, também se discute a importância de:

- investimentos em treinamento de pessoal;
- mudança da cultura interna da companhia;
- valorização dos funcionários, por meio de incentivos e bonificações.

---

[29] JURAN. *The Quality Minutes*: leather seats. Disponível em: <www.juran.com/store/default/individual-videos/p-to-access-online-videos-subscribers-must-be-logged-into-the-juran-website-and-a-broadband-internet-connection-is-required-p-leather-seats-cadillac-spent-a-fortune-to-provide-customers-with-the-best-quality-leather-uphols>. Acesso em: 22 nov. 2012.

Podemos estimar que cerca de um terço do impacto total trazido pela implantação de um projeto de CRM está ligado ao lado humano das companhias. A tecnologia pode ir longe, mas precisa das pessoas para colocá-la em ação.

Sobrevivência

A resposta à questão levantada, atualmente, pelas empresas e pelos fornecedores sobre o porquê de adotar um projeto de CRM já é uma unanimidade. Trata-se de uma simples questão de sobrevivência.

Principalmente devido à competição, com um mercado em que, possivelmente, todos poderão prover quase todos os serviços, além da provável entrada de novos competidores e de guerras por tarifas mais baixas, torna-se muito importante a utilização de metodologias que auxiliem na conquista de novos clientes.

As ferramentas de CRM prometem ser possível manter os clientes existentes, sem dar motivos para que eles desejem ir para o concorrente. Para tanto, seria necessário um gerenciamento dos pontos de relacionamento com os clientes e de análises comportamentais de usuários.

A necessidade de manter e fomentar a clientela mais valiosa é inquestionável. Sem um sistema que auxilie no processo de conhecimento desses clientes, torna-se muito mais difícil competir.

Business intelligence

Base estável de clientes

Um dos maiores desafios das empresas atuais é a manutenção de uma base estável de clientes. No passado, a empresa que conseguisse organizar a produção com eficiência, reduzir custos e atender bem aos clientes, frequentemente, era levada a uma posição de destaque em seu mercado.

Com a disseminação de melhores práticas empresariais, normas técnicas e de qualidade, bem como sistemas integrados de gestão, essas características já não são suficientes para garantir vantagem competitiva.

Desafio

O desafio das empresas está baseado no fato de que existe um elevado grau de insatisfação em relação ao nível de informações disponíveis para a tomada de decisões.

A revista *E-Manager* fez uma pesquisa e comprovou que apenas 10% dos dados disponíveis são utilizados para auxiliar o processo de tomada de decisões. O sucesso das organizações depende da utilização inteligente da informação disponível. A maior parte das informações está dormindo no banco de dados em uma planilha na gaveta de alguém.

Liderança e competitividade

Para manter, cada vez mais, a liderança e a competitividade, as empresas fazem uso do *business intelligence*, que é um conjunto de técnicas, métodos e ferramentas utilizado para a tomada de decisões por parte da alta gerência da empresa.

O *business intelligence* permite a aquisição e a manutenção do *market share*. Por meio dele, é possível proporcionar a descoberta de padrões em dados, sem a tendenciosidade e a limitação da análise baseada, exclusivamente, na intuição humana. Por exemplo: o que cerveja tem a ver com fraldas? Segundo Helio Gurovitz,[30] uma das maiores redes de varejo dos Estados Unidos descobriu, em seu gigantesco armazém de dados, que a venda de fraldas descartáveis estava associada à de cerveja. Em geral, os compradores eram homens, que saíam à noite para comprar fraldas e aproveitavam para levar algumas latinhas para casa. Os produtos foram postos lado a lado. Resultado: a venda de fraldas e cervejas disparou.

---

[30] GUROVITZ, Helio. O que cerveja tem a ver com fraldas? *Exame*, edição 0633, 9 maio 1997. Disponível em: <http://exame.abril.com.br/revista-exame/edicoes/0633/noticias/o-que-cerveja-tem-a-ver-com-fraldas-m0053931>. Acesso em: 9 maio 2012.

Caso Motorola

Um exemplo de um desafio de *business intelligence* foi encarado pela Motorola.

Em 1993, a empresa detinha 59% do mercado global de telefonia celular, participação quatro vezes maior do que a do segundo colocado. Em 2000, a participação da empresa no mercado tinha caído para menos de 15%, enquanto a Nokia alcançava a liderança com 31%.

A explicação para esse declínio encontra-se no fato de que, em 1993, as principais operadoras europeias, que utilizavam a tecnologia analógica – de primeira geração ou 1G –, começavam a ter problemas de capacidade em suas redes, já que o número de usuários que podem ser servidos por uma rede analógica é bem limitado.

Para resolver o problema de capacidade nas redes, começaram a ser desenvolvidas as redes digitais de segunda geração: 2G.

Dois anos após o lançamento da primeira rede digital, a Motorola lançou seu famoso modelo *StarTAC*. O sucesso inicial do *StarTAC* reforçou a decisão da Motorola de continuar o desenvolvimento de sua versão analógica.

As redes analógicas começavam a ficar extremamente saturadas. Como as operadoras começaram a subsidiar os aparelhos, os clientes se comprometiam com um contrato de prestação de serviços de longo prazo. Com isso, houve uma adoção em massa das redes digitais, que permitiam até oito vezes mais usuários no mesmo espectro de frequência. Essa conjuntura gerou uma demanda por telefones de baixo custo.

A Motorola resistiu a diminuir suas margens de lucro, o que abriu as portas para novos entrantes no mercado. A justificativa da Motorola era de que o desenvolvimento da tecnologia digital, que demandava produtos de baixas margens de lucro, drenaria recursos utilizados para o desenvolvimento do telefone analógico, que tinha grandes margens de lucro.

A Motorola não contava com o rápido crescimento das redes digitais, que cresceram de 6,5%, em 1993, para 60%, em 1997. A empresa passou a ter dificuldades no atendimento à demanda.

Alguns anos depois, a história se repetiu: em 2004, a empresa teve sucesso com o lançamento do modelo V3 ou RAZR. Na época de seu lançamento, o V3 foi considerado o *iPod* dos celulares. Segundo a empresa, foram vendidos mais de 130 milhões de exemplares, o que o torna o celular mais vendido de todos os tempos.

No entanto, em quatro anos, pouco foi modificado, e mesmo seus sucessores – RAZR2, KRZR, ROKR, RIZR... –, a despeito de suas excelentes características técnicas, aparentam ser produtos de quatro anos atrás. Resultado: hoje a empresa não se encontra nem entre os cinco maiores fabricantes e deixou de existir como empresa independente, sendo adquirida pelo Google.

Características do BI

A partir do caso Motorola, podemos enumerar importantes características do *business intelligence*:

- extrair e integrar dados de múltiplas fontes;
- fazer uso da experiência;
- analisar dados contextualizados;
- trabalhar com hipóteses;
- procurar relações de causa e efeito;
- transformar os registros obtidos em informação útil para o conhecimento empresarial.

Vantagens

É possível determinar as principais vantagens de um sistema de *business intelligence*:

- antecipar mudanças no mercado;
- antecipar ações dos competidores;
- descobrir novos ou potenciais competidores;
- aprender com os sucessos e as falhas dos outros;
- conhecer melhor suas possíveis aquisições ou seus possíveis parceiros;
- conhecer novas tecnologias, novos produtos ou processos que tenham impacto no negócio;

- conhecer sobre política, legislação ou mudanças regulamentais que possam afetar o negócio;
- entrar em novos negócios;
- rever suas próprias práticas de negócio;
- auxiliar na implementação de novas ferramentas gerenciais.

Informações valiosas

Um sistema de BI permite a obtenção de diversas informações valiosas para os negócios de uma empresa, tais como:

- identificação sistemática dos clientes mais rentáveis;
- identificação de correlação de vendas entre os diferentes produtos;
- identificação de diferentes elasticidades de preços nos diferentes produtos, nas diferentes lojas ou regiões e para diferentes consumidores.

Implantação

Nem sempre a implantação de um sistema de *business intelligence* é fácil. Quanto maior a empresa e mais complexo o BI, menor a chance de a implementação ser bem-sucedida, inclusive, em questões de cronograma e orçamento.

Um estudo do IDC relatou diversas questões associadas com 400 implementações de *business intelligence* em empresas e indicou que, de todas as implementações, 35% foram malsucedidas, 35% foram adequadas e 30% foram bem-sucedidas.

Problemas

Os 10 maiores problemas encontrados na implementação do BI são:

- restrições de orçamento;
- qualidade dos dados;
- entendimento e gerenciamento da expectativa do usuário;

- mudança de cultura;
- tempo requerido para implementação;
- integração dos dados;
- educação e treinamento;
- justificativa do retorno sobre o investimento;
- análise das regras do negócio;
- apoio da alta gerência.

Resultados positivos

O BI é uma ferramenta que, como todas, deve estar baseada, antes de mais nada, em uma visão estratégica dos negócios para ter suas potencialidades bem aproveitadas e trazer resultados positivos para as organizações.

Autoavaliações

Sistemas de informações são um conjunto de procedimentos organizados que, quando executados, provêm informações para apoiar processos de tomada de decisões e controlar a organização.

Entre as vantagens do uso de sistemas de informação, podemos citar um maior:

a) isolamento das pessoas.
b) controle sobre as operações.
c) nível de desemprego tecnológico.
d) empobrecimento das funções do trabalho.

Os sistemas *enterprise resource planning* (ERP) podem ser definidos como sistemas de informação integrados, adquiridos na forma de um pacote de *software* comercial.

Quanto aos sistemas ERP, podemos afirmar que:

a) prejudicam os procedimentos das empresas.
b) integram-se com bancos de dados, exceto os corporativos.
c) possuem a mesma forma de operação para todas as empresas.
d) têm a finalidade de dar suporte à maioria das operações de uma empresa.

Questão 3:

Quando desenvolvemos quaisquer projetos, devemos estar atentos às questões relativas a tempo e custo.

Entre as alternativas para resolver o problema de tempo e custo para o desenvolvimento de *software*, podemos citar a utilização de:

a) *bureaus* de serviço.
b) *internet data centers.*
c) linguagens de programação de oitava geração.
d) metodologias de gerenciamento de projetos – como as do PMI e do IPMA.

Questão 4:

Processos de negócios podem ser definidos como um conjunto de tarefas e procedimentos interdependentes, realizados para alcançar um determinado resultado empresarial.

A principal razão para o ERP utilizar processos de negócios é:

a) a atenção dispensada aos requisitos não genéricos das empresas.
b) a possibilidade de implementar melhores práticas de negócios no ERP.
c) o fato do não cruzamento entre as fronteiras organizacionais dos sistemas.
d) o impacto positivo do uso de tecnologias avançadas em cada módulo desenvolvido.

Questão 5:

Os sistemas ERP realmente integrados são construídos como um único sistema empresarial que atende a diversos departamentos da empresa, em oposição a um conjunto de sistemas que atende isoladamente a cada um deles.

As principais vantagens da integração são:

a) as funções oferecidas, de forma aprofundada, pelo pacote.
b) as possibilidades apresentadas para a integração total da empresa.
c) o cruzamento entre as informações integradas de um mesmo módulo.
d) o compartilhamento de informações comuns entre os diversos módulos.

Questão 6:

O *customer relationship management* (CRM) é um processo contínuo e evolutivo de comunicação das empresas.

No contexto da tecnologia da informação, podemos melhor definir o CRM como um conjunto de:

a) *software* para gerenciamento exclusivo de clientes.
b) programas que melhoram o relacionamento com nossos clientes.
c) técnicas, métodos e ferramentas, utilizado para a tomada de decisões por parte da alta gerência da empresa.
d) estratégias, processos e ferramentas, concebido para viabilizar a utilização das informações a respeito de clientes.

Questão 7:

Os projetos de CRM podem ser definidos de acordo com sua abordagem ou tema.
Sendo assim, um projeto de CRM pode ser:

a) informativo, avaliativo ou descritivo.
b) operacional, analítico ou colaborativo.
c) adequativo, preparativo ou abordativo.
d) colaborativo, investigativo ou de manutenção.

Questão 8:

Business intelligence (BI) é um conjunto de técnicas, métodos e ferramentas utilizado para a tomada de decisões por parte da alta gerência da empresa, permitindo a aquisição e manutenção do seu *market share*.
Entre as principais características do BI, podemos citar:

a) o desenvolvimento de estratégias de relacionamento com os clientes.
b) a integração dos procedimentos das empresas com o uso de um *software*.
c) o desenvolvimento de sistemas de implantação como o *electronic data interchange*.
d) a transformação de registros e dados de múltiplas fontes em informação útil para o conhecimento empresarial.

Questão 9:

Nem sempre as implantações de sistemas de *business intelligence* são bem-sucedidas.

Entre os problemas mais comuns, podemos citar:

a) o preço elástico durante a implantação.
b) o gerenciamento da integração do projeto.
c) as restrições de orçamento e a qualidade dos dados.
d) as correlações entre as vendas de diferentes produtos.

Questão 10:

Segundo Peter Druker, o sucesso das organizações depende da utilização inteligente da informação disponível: o *business intelligence*.

Dessa forma, as empresas podem:

a) conhecer novas tecnologias, novos produtos ou processos que tenham impacto em seu negócio.
b) capturar os dados do cliente ao longo de todo o seu relacionamento com a empresa.
c) aumentar a produtividade dos funcionários e o volume de vendas, ampliando, assim, a lucratividade das empresas.
d) prestar atendimentos personalizados e oferecer produtos ou serviços que mais se encaixam ao perfil de cada cliente.

Módulo IV – Revolução dos negócios eletrônicos

Módulo IV – Revolução dos negócios eletrônicos

Neste módulo, estudaremos os principais impactos da revolução dos negócios eletrônicos.

Analisaremos o comércio eletrônico para o consumidor final (B2C), incluindo as melhores práticas para o desenvolvimento de *websites* comerciais e lojas eletrônicas. Por fim, enfocaremos os principais tipos de mercados eletrônicos B2B e o comércio eletrônico *wireless*.

E-business e e-commerce

Mudanças na forma com que os negócios são conduzidos

O rápido crescimento da internet, nos últimos anos, tem levado à grandes mudanças nas formas pelas quais as empresas conduzem seus processos de negócios. As relações existentes entre a empresa, seus clientes e seus fornecedores estão passando por inúmeros processos de redefinição, culminando em operações via *web*.

As operações eletrônicas não são uma novidade para as grandes corporações, que, há décadas, usam o *electronic data interchange* (EDI) como meio de realizar negócios. No entanto, os altos custos envolvidos no EDI impossibilitavam as empresas de migrar operações manuais para operações eletrônicas.

Essa situação mudou, substancialmente, com o baixo custo e a popularização da internet. Hoje, a internet se encontra presente em todos os ramos de negócios e em tamanhos de empresas, além dos clientes residenciais.

Operações eletrônicas

As operações eletrônicas englobam atividades realizadas por meio eletrônico e compreendem desde as mais básicas – como a simples interação com clientes e fornecedores – até a integração completa da cadeia de valor de uma empresa. Vejamos a representação a seguir:

Figura 24

OPERAÇÕES ELETRÔNICAS

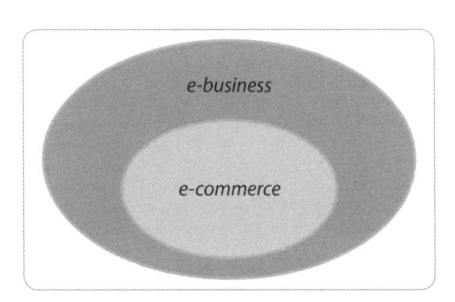

E-commerce versus e-business

O *e-commerce* – comércio eletrônico – descreve os processos de compra, venda, prestação ou troca de produtos ou serviços por meio de redes de computadores, incluindo a internet.

Já o conceito de *e-business* se refere a uma definição mais ampla do *e-commerce*. O *e-business* não se restringe apenas à compra e à venda de produtos e de serviços, ele também serve clientes, colaborando com parceiros de negócios, prestando serviços de *e-learning*.

O *e-business* não pressupõe a utilização da internet, senão seria chamado de *i-business*. O *e* vem de *electronic*, o que significa o uso de meios eletrônicos para sua realização, incluindo, entre outros, a internet.

Alguns autores descrevem o termo *e-commerce* em sentido mais amplo, igualando-o, nesse caso, ao escopo do *e-business*.

Sucesso do projeto

A adoção de estratégias de *e-business* ou *e-commerce* tem impacto não apenas na cultura das organizações e em seus processos de negócios mas também na necessidade de infraestrutura e suporte de telecomunicações.

O sucesso de um projeto de *e-business*, independentemente de estar voltado ao mercado corporativo (B2B) ou ao residencial (B2C), está diretamente ligado à capacidade de a empresa dispor de uma cadeia interna de fornecimento capaz de entregar os pedidos dos clientes de forma rápida, eficaz e a custos competitivos.

Integração da cadeia interna de fornecimento é a palavra-chave. Ela deve envolver as etapas de planejamento, compras, fabricação, pedido, serviços e suporte ao cliente.

Outro componente da cadeia de fornecimento que tem se tornado um gargalo para o sucesso do *e-business* é a logística de entrega.

São fatores que podem dificultar – em muito – o sucesso dos negócios eletrônicos:

- a disponibilidade de armazenagem;
- o transporte;
- a distância entre o cliente e o ponto de saída das mercadorias.

Tipos de negócios eletrônicos

Vejamos alguns tipos de negócios eletrônicos:

A) *Business to consumer* (B2C):

São os negócios eletrônicos para o consumidor final, como por exemplo, o *site* Submarino.

B) *Business to business* (B2B):

São negócios eletrônicos interempresariais, como o portal Webb.

C) *Consumer to consumer* (C2C):

São negócios eletrônicos entre consumidores finais, como o Mercado Livre.

D) *Consumer to business* (C2B):

São negócios demandados pelos consumidores às empresas, que competem para atendê-los. Apesar de não ser muito comum, o *site* Priceline ficou famoso ao agregar iniciativas dos consumidores para a compra de passagens aéreas.

E) *Business to employee* (B2E):

São iniciativas dentro das empresas para seus funcionários. Diversas empresas, como a Embratel, disponibilizam *sites intranet* relacionados com saúde e benefícios para seus funcionários.

F) *Government to business* (G2B)/*government to citizen* (G2C):

São interações eletrônicas entre o governo, as empresas e os consumidores finais, por exemplo, o *site* da Receita Federal.

B2C

Embora, no início da internet comercial, os consumidores se mostrassem reticentes em relação ao uso de seus cartões na rede, hoje, sua utilização é quase que onipresente.

O comércio eletrônico para o consumidor final foi iniciado quando empresas como a Amazon.com e a fabricante de chocolates Godiva lançaram seus *websites*.

A Amazon.com iniciou suas operações em julho de 1994. Seu fundador, Jeff Bezos, batizou-a com o nome do Rio Amazonas – o maior do mundo – porque queria que seu empreendimento fosse a maior livraria do mundo.

Os primeiros passos não foram fáceis. Devido à excelência técnica e à proximidade de diversos distribuidores de livros, Bezos, estrategicamente, fundou-a em Seattle – também sede da Microsoft e da Boeing –, mas sua primeira sede tinha o tamanho de uma garagem de automóveis.

Uma curiosidade: Bezos mandou instalar um sino que tocava a cada venda realizada. Após uma semana de operação, o sino começou a tocar muito rápido e, na segunda semana, ele foi desativado, já que passou a emitir um barulho constante.

Depois do estouro da bolha da internet, em 2000, o foco das iniciativas ligadas ao comércio eletrônico para o consumidor final passou a ser o retorno financeiro em curto prazo. O foco passou a ser as estratégias que permitiriam obter vantagens competitivas sustentáveis para as empresas tradicionais.

Como as empresas podiam aguentar tantos anos dando prejuízo? A própria dinâmica do mercado acionário, naquela época, poderia responder a essa questão.

O enorme afluxo financeiro, por meio dos aportes dos acionistas, ávidos por lucros, aliado à enorme valorização das ações, garantia um fluxo constante de recursos. Esses recursos eram utilizados para manter as operações da maioria das *pontocom*.

Para exemplificar a dinâmica do mercado acionário, podemos trazer um caso em que esse mecanismo foi recriado. No dia 9 de outubro de 2006, o Google comprou o *site* de vídeos YouTube por cerca de US$ 1,65 bilhões em ações. Somente com a valorização de suas ações no mês de outubro de 2006, elas passaram de US$ 401,90, no dia 2 de outubro de 2006, para US$ 476,39, no dia 31 de outubro de 2006. Certamente influenciado pela notícia da aquisição, o Google cresceu US$ 23,3 bilhões.

A Amazon.com, que vinha acumulando déficits crescentes a cada ano, fez um enorme esforço e realizou um pequeno lucro de US$ 5,09 milhões no quarto trimestre de 2001.

Segundo os executivos da empresa, melhoras na eficiência e preços dos livros mais baixos contribuíram para que a companhia obtivesse o primeiro lucro líquido de sua história e apresentasse um faturamento recorde.

Na verdade, a empresa não tinha outra alternativa: ou, finalmente, daria lucro, ou seria fechada por pressão dos acionistas. Só para efeito de comparação, a Amazon.com, no quarto trimestre de 2000, teve prejuízo de US$ 545,1 milhões, o que chega a um prejuízo de mais de US$ 2 bilhões ao ano.

Características do B2C

Quando analisamos o modelo B2C, podemos concluir que ele se comporta como uma versão específica do varejo a distância, como os catálogos e o telemarketing.

A diferença entre eles está na utilização de ferramentas eletrônicas, tais como *websites* e *e-mail*, para a escolha e a aquisição de produtos e o gerenciamento das compras.

O quadro a seguir compara o varejo tradicional com o varejo eletrônico:

Quadro 1

VAREJO TRADICIONAL *VERSUS* VAREJO ELETRÔNICO

	Varejistas tradicionais	Varejistas eletrônicos
Expansão física	Expansão da plataforma de varejo, com novas lojas e mais espaço físico.	Expansão da plataforma de comércio eletrônico, com aumento decapacidade dos servidores, da banda e do estoque.

continua

	Varejistas tradicionais	Varejistas eletrônicos
Tecnologia	Tecnologias de automação comercial.	Tecnologias de *frontend* (*websites* de comércio eletrônico) e *backend* – *softwares* de gestão empresarial e logística.
Relacionamento com os clientes	Mais estáveis, devido à presença física do cliente nas lojas. Relacionamento físico.	Menos estável, devido aos contatos anônimos e ao fato de a concorrência estar a um clique de distância. Pode ser melhorada com uso de personalização e marketing direto. Relacionamento lógico.
Experiência ao comprar	O cliente experimenta mais o produto, porém, frequentemente, não possui informações sobre ele.	O cliente perde a sensação de experimentar o produto, mas tem acesso a mais informações sobre ele.
Competição	Competição local, com menos competidores.	Competição global, com muito mais competidores.
Base de clientes	Identificável. Menos necessidade de gastos para fidelizar o cliente.	Anônima. É necessário gastar mais recursos para fidelizar o cliente.

Vantagens do comércio eletrônico

Podemos citar, como vantagens do comércio eletrônico:

- o alcance global – por meio da internet, podemos vender para o mundo inteiro, sem barreiras geográficas;
- a disponibilidade 24x7 – funcionando 24 horas por dia e sete dias na semana, com raras exceções, *websites* não fecham.

Desse modo, os clientes podem comprar a qualquer hora, de qualquer lugar.

Sites como e-Bay apresentam as vantagens características do comércio eletrônico.

Adicionalmente às vendas por meio eletrônico, a internet continua a influenciar, fortemente, as vendas nos canais *off-line*. As pessoas se sentem, progressivamente, mais confortáveis ao comprar *on-line* e ao utilizar a internet para pesquisar e comparar preços.

Os varejistas – tanto *on-line* quanto *off-line* – sentem o impacto do poder do consumidor criado pelas redes sociais, tais como o Facebook, o Twitter e o LinkedIn.

Segundo o United States Census Bureau, a participação do comércio eletrônico nas vendas totais do varejo chegou a 5,10% (dados de junho de 2012).[31]

Nos Estados Unidos, a participação do comércio eletrônico nas vendas totais do varejo cresceu de 3%, em 2001, para 9%, em 2007.

Personalização de *websites*

A personalização de *websites* é uma eficiente técnica para a obtenção de resultados positivos no comércio eletrônico B2C. Além disso, permite adequar um *website* às necessidades individuais do cliente.

É possível trazer para as páginas iniciais produtos adequados ao perfil do cliente. Por exemplo, se o usuário comprou ou navegou em páginas

---

[31] YCHARTS. *US E-Commerce Sales as Percent of Retail Sales*: 5.10% for Q2 2012. Disponível em: <ycharts.com/indicators/ecommerce_sales_as_percent_retail_sales>. Acesso em: 21 nov. 2012.

de produtos eletrônicos, um *website* personalizado traria essa classe de produtos para a *homepage* do *website* em sua próxima visita.

Excesso de informações

A personalização passou a ser muito utilizada por causa do excesso de informações existentes nos *websites*. Esse excesso dificulta muito a tarefa de localização das informações nos *websites*.

Com o desenvolvimento do comércio eletrônico, diversos estudos começaram a ser realizados para tentar descobrir o que fazia um *website* comercial ser bem-sucedido. Hoje, esses estudos compõem a chamada *usabilidade*.

Usabilidade é a facilidade com que as pessoas podem empregar uma ferramenta ou um objeto, a fim de realizar uma tarefa específica e importante.

A usabilidade pode referir-se também aos métodos de mensuração da facilidade de uso e ao estudo dos princípios por trás da eficiência percebida de um objeto – no caso, um *website*.

Processamento de informações

Em 1956, o psicólogo George Miller publicou um artigo chamado "Número mágico sete, mais ou menos dois: alguns limites na nossa capacidade para processar informações". Segundo Miller,[32] existe um limite na percepção cognitiva do cérebro humano, que estaria entre cinco e nove elementos. Por isso, as interfaces aderentes a esses limites são bem-sucedidas na tarefa de satisfazer o usuário. Por exemplo, se analisarmos a interface de um *iPod*, veremos que ele é aderente à regra do *sete mais ou menos dois*, contendo seis elementos – e não mais:

---

[32] MILLER, G. A. The magical number seven, plus or minus two: some limits on our capacity for processing information. *Psychological Review*, Harvard University, v. 101, n. 2, p. 343-352, 1956.

Figura 25
OPERAÇÕES ELETRÔNICAS

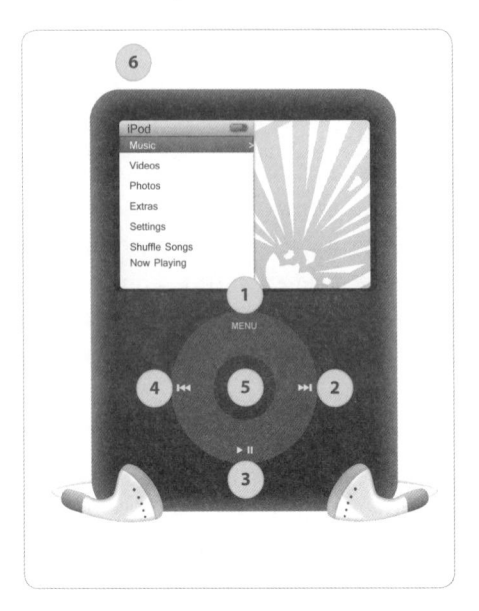

Outro exemplo fictício de como o excesso de informações pode prejudicar a obtenção de informações pelo usuário pode ser visto na simulação apresentada a seguir:

A) Interface 1:

Figura 26
INTERFACE I

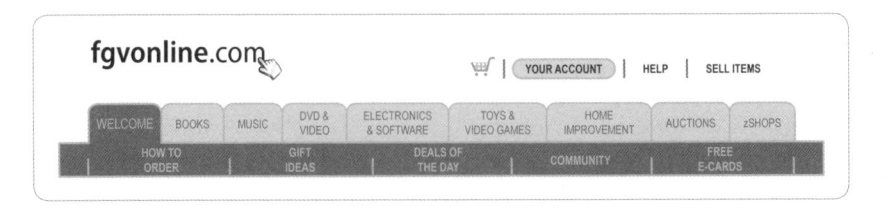

Com poucas opções de navegação, a visualização fica mais nítida, e o consumidor consegue encontrar, facilmente, aquilo que deseja.

B) Interface 2:

Figura 27
INTERFACE 2

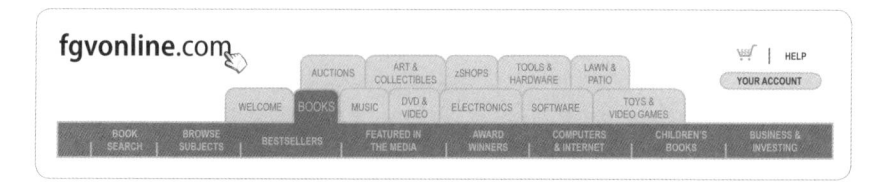

O número de opções cresce e já prejudica o entendimento pelo usuário.

C) Interface 3:

Figura 28
INTERFACE 3

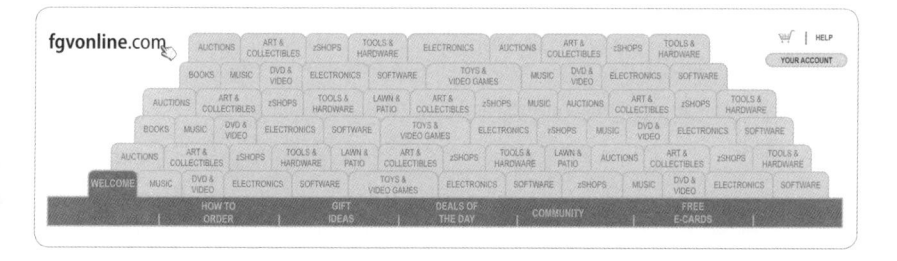

A montagem mostra a confusão no entendimento pelo usuário, causada pelo excesso de opções.

A não observância das regras nos projetos de *websites* B2C aumenta a taxa de abandono, ou seja, o usuário desiste antes de finalizar sua compra. Fazendo uma analogia com uma loja física, alguém teria prazer em comprar em uma loja desorganizada, com mercadorias caras, onde produtos e preços não estivessem à vista e com acesso fácil?

Abrangência da personalização

Hoje, o conceito de personalização é muito mais abrangente. A personalização permite a visualização dos hábitos dos clientes que possuem um perfil semelhante.

A personalização deve ser implementada de forma eficiente e correta, para que não acabe por causar efeitos contrários ao desejado; contudo, não é uma solução fácil de ser implantada – nem mesmo barata – e demanda técnicas especializadas para sua implementação.

Sistemas de pagamento

Analogamente ao modelo tradicional de vendas, o comércio eletrônico possibilita ao cliente uma variedade de formas de pagamento, tais como:

- cartão de crédito;
- boleto bancário;
- depósito bancário;
- transferência eletrônica;
- cartão de débito;
- cheque.

O cartão de crédito é o meio mais utilizado para as compras eletrônicas. O modelo de utilização de um cartão de crédito pela internet pressupõe o meio chamado *assinatura em arquivo*, ou seja, sem a respectiva assinatura do titular do cartão no comprovante de venda.

O modelo de utilização de um cartão de crédito pela internet tem como principal desvantagem para o comerciante o fato de arcar com os riscos do negócio, no caso da ocorrência de fraudes.

Para evitar esse tipo de problema, as administradoras de cartão de crédito têm lançado uma série de produtos que proporcionam autenticação *on-line*, para utilização com cartões de crédito com *chip*. Vejamos:

Figura 29
AUTORIZAÇÃO DE CARTÃO DE CRÉDITO NA *WEB*

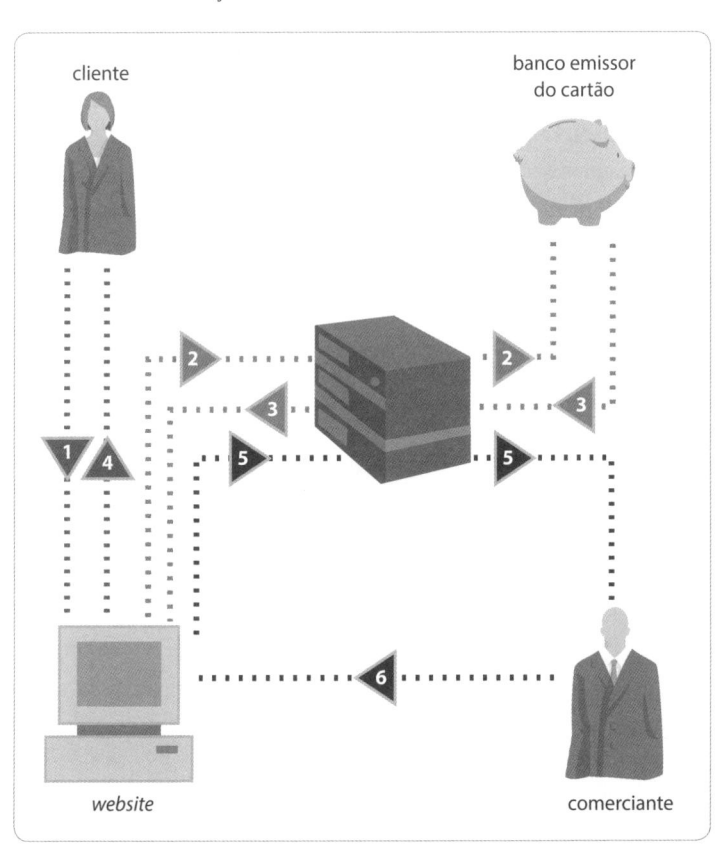

Os processos de autorização para cartões de crédito são:

- manual;
- manual eletrônico – *point of sale* (POS);
- eletrônico – por meio de *gateways* de pagamento;
- *electronic data interchange* (EDI).

O boleto bancário eletrônico também é bastante utilizado pelas empresas. Normalmente, o boleto bancário é utilizado pelos usuários em sua primeira experiência de compra *on-line*. Em seguida, os usuários migram para o cartão de crédito.

A principal vantagem do boleto bancário é a ausência de risco para o comerciante, que pode enviar a mercadoria ou o serviço somente após o pagamento do boleto pelo consumidor.

Embora pouco utilizados, a transferência eletrônica de fundos (TEF) e o cartão de débito proporcionam uma segura forma de pagamento para os clientes e varejistas.

Os pagamentos em cheque ou dinheiro possuem um índice bem menor na preferência dos consumidores. Esses pagamentos causam um processo logístico mais demorado e menos aceito e são um meio de pagamento conceitualmente menos adequado ao ambiente virtual.

Dispositivos tecnológicos

Segundo Kischinevsky,[33] os dispositivos tecnológicos mais usados para potencializar vendas em *websites* são:

- cesta de compras;
- *chat* de apoio;
- *call center*;
- *1-click ordering*;
- *site* associado;
- lista de desejos, casamentos, presentes;
- novidades e recomendações;
- filtragem colaborativa – vendas cruzadas;
- vale-presente;
- venda de usados;
- leilões;
- buscas por palavra-chave;
- amostra grátis ou demonstração;
- opinião de clientes;
- recomendações livres e indicações;
- informações sobre compras: *suas compras*;
- alertas e informativos por *e-mail*.

[33] KISCHINEVSKY, A. et al. *E-commerce*. Rio de Janeiro: Editora FGV, 2011.

Sucesso do B2C no Brasil

Fontes como o Instituto Brasileiro de Geografia e Estatística (IBGE), Núcleo de Informação e Coordenação do Ponto BR (NIC.BR) e o Instituto Brasileiro de Opinião Pública e Estatística (Ibope)[34] estimam que o número de usuários de internet no Brasil esteja na faixa de 70 milhões.

Milhões	2005	2006	2007	2008	2009	2010	2011
Fonte: PNAD	32,0	35,3	44,9	55,9	67,9	N.D.	N.D.
Fonte: TIC Domicílios	-	35,3	44,9	53,9	63	N.D.	N.D.
Fonte: Ibope*	-	32,5	39	62,3	67,5	73,9	78,5**

Em relação ao comércio, mesmo em um país em desenvolvimento, os internautas brasileiros representam uma fatia de 41,4% do mercado na América Latina, segundo a UIT.[35]

O crescimento nominal do faturamento do comércio eletrônico no Brasil foi de 24%, em relação a 2010, segundo o relatório Webshoppers 24ª edição,[36] chegando a um total de R$ 8,4 bilhões transacionados.

Segundo o e-bit, que publica essa pesquisa, a categoria de produtos mais vendida, no primeiro semestre de 2011, foi eletrodomésticos, com 13% do volume total de pedidos; seguida de perto por informática, com 12%, e saúde, beleza e medicamentos, com 11%. A categoria livros e assinaturas de revistas e jornais, conhecida historicamente por liderar o setor, caiu para a quarta colocação do ranking, com 8%. O top cinco foi completado por eletrônicos, com 6%.

Todos esses dados demonstram a força e a importância dessa nova modalidade de comércio no mercado brasileiro.

Ademais, os dados confirmam que todas as empresas, independentemente de sua natureza (produtos ou serviços) e de seu porte (pequenas, médias ou grandes) terão de investir no modelo eletrônico de comércio, sob pena de serem esmagadas pela concorrência.

[34] TELECO – Inteligência em Telecomunicações. Disponível em: <www.teleco.com.br/rankbr.asp>. Acesso em: 16 maio 2012.
[35] Ibid.
[36] WEBSHOPPERS. Disponível em: <www.webshoppers.com.br>. Acesso em: 16 maio 2012.

Um dos maiores problemas enfrentados pelas empresas de comércio eletrônico, especialmente em um país continental como o Brasil, é a logística. O comércio eletrônico já inicia seu relacionamento com o cliente em desvantagem.

Pelo menos no caso da venda de produtos físicos, como eletrônicos e roupas, o comércio eletrônico não permite que o cliente leve o produto para casa na hora. Por isso, normalmente, os casos mais bem-sucedidos de adoção do comércio eletrônico B2C se encontram em setores em que não existe a necessidade de entrega física do produto ou serviço.

Não podemos esquecer que comprar é um ato social, logo, as pessoas gostam de sair para isso. Assim, a não ser que exista uma vantagem financeira muito grande, muito provavelmente, o varejo tradicional continuará soberano em relação ao varejo virtual.

Um fator importante é o atendimento ao cliente, tendo em vista que há uma limitação na interação do cliente com o agente de venda, decorrente da própria característica virtual do negócio. É fundamental que haja uma integração entre os diversos canais de atendimento ao cliente: *call center*, *e-mail*, *chat*, etc.

No entanto, uma parcela significativa dos compradores virtuais desiste da operação antes de completar a transação. Podemos citar alguns motivos:

- mudança de opinião;
- custos de envio muito altos;
- falta de interatividade com o produto;
- falta de personalização.

Superação

Hoje, muitas dificuldades do comércio eletrônico varejista estão sendo superadas.

No que diz respeito à segurança, cada vez mais, vem aumentando a confiança do consumidor na segurança dos sistemas de pagamento. A confiança do consumidor vem aumentando, principalmente, em *sites* que oferecem a segurança do sistema de reputação.

Os sistemas de reputação, praticamente, garantem que o vende-dor é idôneo. Esse é o caso dos *sites* Americanas.com, Submarino.com, Amazon.com, MercadoLivre.com, entre outros.

B2B

Conceito

O conceito de mercado de B2B se refere às empresas compradoras e fornecedoras que fazem transações comerciais em uma infraestrutura de serviços de *e-business*.

O conceito de B2B não é novo e engloba o chamado *electronic data interchange* (EDI), cujos princípios básicos já orientavam o desenvolvimento de alguns sistemas que datam de meados da década de 1960.

Efeitos

Os principais efeitos de um mercado B2B são:

- menores custos;
- menor necessidade de estoques;
- maior transparência;
- eliminações de barreiras geográficas e temporais;
- redução de processamento e emissão de documentos: dados não são redigitados;
- redução nos prazos de entrega;
- aumento de confiabilidade no suprimento;
- redução dos contatos informais;
- aproximação de fornecedores e clientes.

Modelos de mercados B2B

Os principais modelos de mercados B2B encontram-se sintetizados no quadro apresentado a seguir:

Quadro 2
PRINCIPAIS MODELOS DE B2B

Visão do vendedor		Visão do comprador
um		um
um		muitos
alguns	para	muitos
muitos		muitos
muitos		alguns
muitos		um

Um para um

O modelo *um para um* é bem descrito por meio do *electronic data interchange* – intercâmbio eletrônico de dados ou EDI.

O EDI descreve a troca de dados entre aplicativos – sistemas de gestão, por exemplo – que rodam em computadores de parceiros de negócios, utilizando um formato padronizado.

A principal motivação para o uso do EDI veio do setor de transportes. No comércio internacional, até 28 organizações são envolvidas para uma simples remessa: transportadores, fretadores, corretores, bancos, seguradores, administração alfandegária, outras agências governamentais, etc. Mais de 40 transações são criadas para documentar o processo: conhecimentos, cartas de crédito, manifestos, apólices, etc.

O trabalho com papel chega a representar 8% do custo total de um despacho internacional. A consequência da burocracia com papel é uma grande propagação de erros.

Metade de todas as cartas de crédito circulantes no mundo contém erros de preenchimento, que:

- atrasam embarques;
- adicionam custos de armazenamento;

- influenciam, adversamente, o fluxo normal de fabricação e as cadeias de distribuição e vendas.

A primeira aplicação do EDI no mundo aconteceu no bloqueio soviético à cidade de Berlim ocidental em 1948. Para suprir a cidade, o exército americano realizou 278 mil voos, suprindo a cidade com cerca de 2,3 milhões de toneladas de comida, carvão, remédios, máquinas pesadas, jornais, equipamentos de construção civil, veículos e suprimentos para casa, atendendo aos 2,5 milhões de habitantes da parte ocidental da cidade. Com os aviões chegando a cada 3 minutos, o processo de descarregamento da carga era mais rápido do que o processo manual de preenchimento e verificação dos documentos em papel.

Por causa desse problema, as listas de estoque ficavam rapidamente desatualizadas e, em pouco tempo, perdeu-se o controle da situação. Percebendo que o processo estava se inviabilizando, o exército americano desenvolveu um sistema de manifesto de carga padronizado, que podia ser enviado via telex, teletipo ou mesmo telefone. Foi a primeira aplicação de EDI no mundo.

O conceito básico do EDI pode ser visto no diagrama apresentado a seguir:

Figura 30
CONCEITO BÁSICO DO EDI

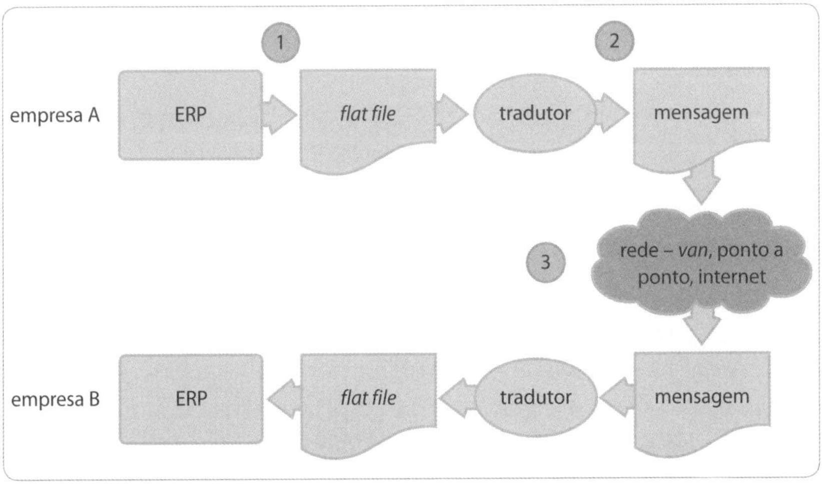

Esse diagrama representa as seguinte etapas:

1) A empresa A, por meio de seu sistema de gestão – isto é, qualquer *software* que possa utilizar para controlar seu processo de negócios –, gera um arquivo em formato texto, sem formatação, contendo somente dados.

2) Em seguida, o *flat file* é convertido para um formato padronizado, chamado *mensagem*, por meio de um *software* denominado *tradutor*.

3) Posteriormente, a mensagem é enviada para a empresa B, por uma rede – fechada, ponto a ponto ou internet –, na qual é convertida, por meio de outro tradutor, para um *flat file* que possa ser lido por seu sistema de gestão.

O formato padronizado depende de um acordo entre as duas empresas e, normalmente, segue normas estabelecidas em cada setor da economia. Exemplos de formatos utilizados são o Cnab (do setor bancário no Brasil), o RND (do setor automobilístico no Brasil), o X12 (o padrão americano, desenvolvido pela Ansi) e o Edifact (o padrão internacional, desenvolvido pela ONU).

De modo geral, não há uma solução única para desenvolver um sistema de EDI, nem um ambiente de processamento de dados específico. A solução de EDI comporta várias opções de equipamentos, sistema operacional, *software* básico, aplicativos, protocolos de comunicação e de interface com os usuários. Essa diversidade implica graus variados na relação custo-desempenho, referentes aos diferentes sistemas utilizados. A lógica da operação do serviço é, basicamente, a mesma.

Um para muitos

O modelo *um para muitos* também é chamado de *portais corporativos de venda* ou *catálogos on-line*. Seu funcionamento é baseado na hospedagem dos produtos de um único fornecedor ou fabricante.

No modelo *um para muitos*, são exibidos o catálogo de produtos e os respectivos preços, normalmente fixos.

O modelo *um para muitos* é um canal complementar (no caso de o fornecedor também utilizar canais *off-line*) ou exclusivo (ele só utiliza a *web*) para as vendas dos fornecedores. Os compradores acabam tendo de adquirir seus produtos de diversos *websites* como esses.

Um exemplo clássico é a empresa de computadores Dell, que, por meio de seu *website*, vende para outras empresas. A Dell também vende diretamente para consumidores finais, logo, seu *website* possui tanto características B2B quanto B2C. Vejamos, na figura 31, uma representação de vendas do *website* da Dell.

Figura 31

WEBSITE DA DELL

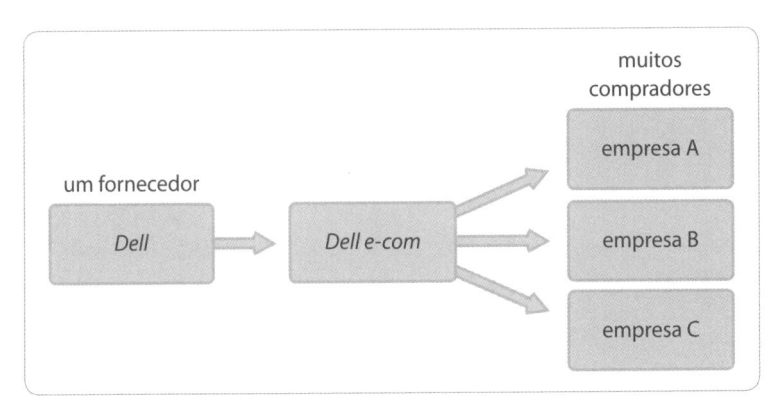

Alguns para muitos

Os mercados *alguns para muitos* também são chamados de *atacadistas eletrônicos* ou, ainda, de *e-distribution*.

Os mercados *alguns para muitos* agregam diversos catálogos de diferentes fornecedores, por meio de um único formato. Normalmente, a precificação é fixa, podendo ser previamente negociada.

Um caso bastante interessante de atacadista eletrônico é a Gimba, especializada na área de material de escritório:

Figura 32
GIMBA: MERCADO *ALGUNS PARA MUITOS*

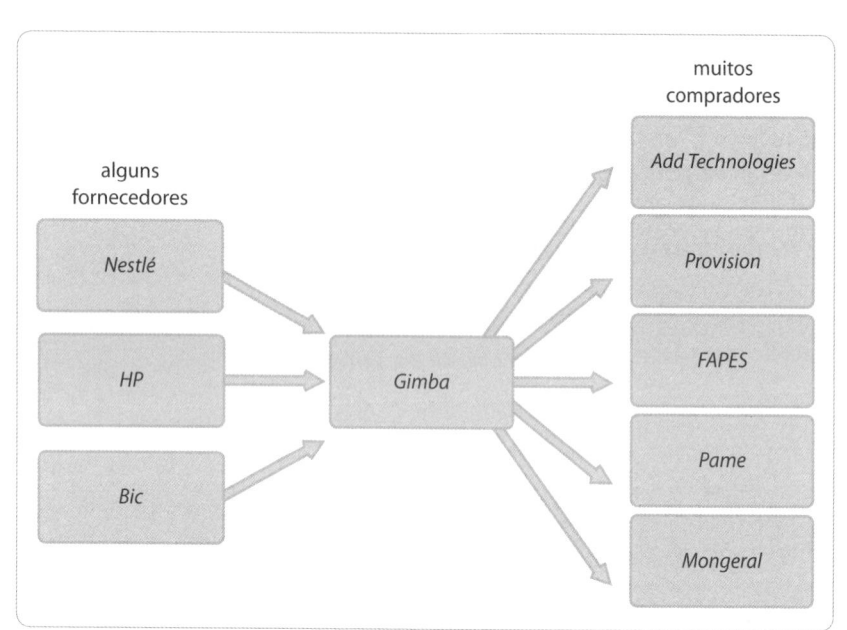

Muitos para muitos

O modelo B2B *mui os para muitos* também é chamado de *e-marketplace*. Nesse modelo, os portais criam uma ampla rede de compradores e vendedores, em que podemos tanto comprar quanto vender. Os esquemas de preços são dinâmicos, baseados em leilões. Vejamos, na figura 33, uma representação desse modelo:

Figura 33
MODELO B2B *MUITOS PARA MUITOS*

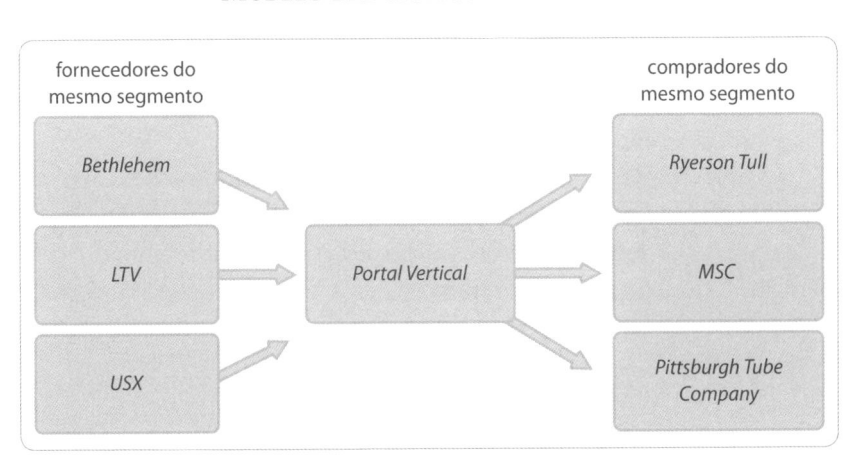

Se a ótica for pelo lado da venda, o *e-marketplace* funciona assim: o fornecedor lista seus produtos – normalmente, em lotes – e recebe propostas crescentes dos compradores, que disputam, entre si, a oferta.

Esse mecanismo, chamado de leilão direto, é bastante similar ao utilizado nos leilões de arte. O leilão direto faz com que os preços subam, desde que o preço inicial mínimo seja atraente para os compradores. Os preços sobem porque não existe negociação entre os fornecedores e os compradores.

Se analisarmos o lado da venda, o comprador lista os produtos que pretende adquirir e recebe propostas decrescentes dos fornecedores. Os fornecedores disputam entre si o pedido de compra. Esse mecanismo é chamado de leilão reverso ou pregão eletrônico.

O prazo eletrônico faz com que os preços caiam, desde que o preço inicial máximo seja atraente para o fornecedor.

Os *e-marketplaces* são divididos em verticais, especializados, com atuação em setores industriais específicos e horizontais, genéricos, atendendo a diversos setores da indústria.

Muitos para alguns

Os mercados B2B *muitos para alguns* são formados por grandes empresas, tais como Souza Cruz e Ambev (que formaram o *site* Agrega.com.br) ou a GM, a Ford, a Chrysler, a Renault, a Nissan e a Peugeot (que criaram o *site* Covisint.com).

O objetivo desse modelo é criar catálogos conjuntos de compras. Comprando em conjunto – principalmente itens comoditizados –, as empresas se beneficiam do ganho de escala proporcionado pela agregação de seus pedidos. Vejamos:

Figura 34
MODELO B2B *MUITOS PARA ALGUNS*

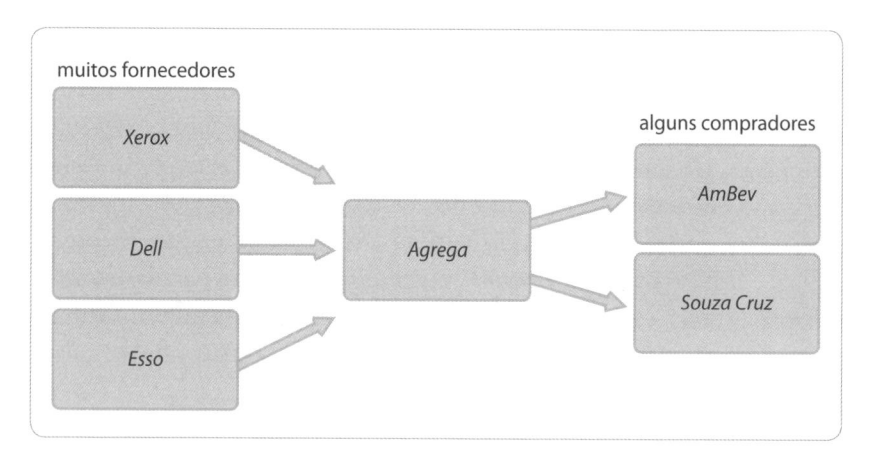

Muitos para um

O modelo *muitos para um* é o tipo mais usual de compras eletrônicas – *e-procurement* – para grandes empresas. Nesse modelo, é usual a negociação por meio de leilões reversos. Vejamos, na figura 35, uma representação desse modelo:

Figura 35
MODELO *MUITOS PARA UM*

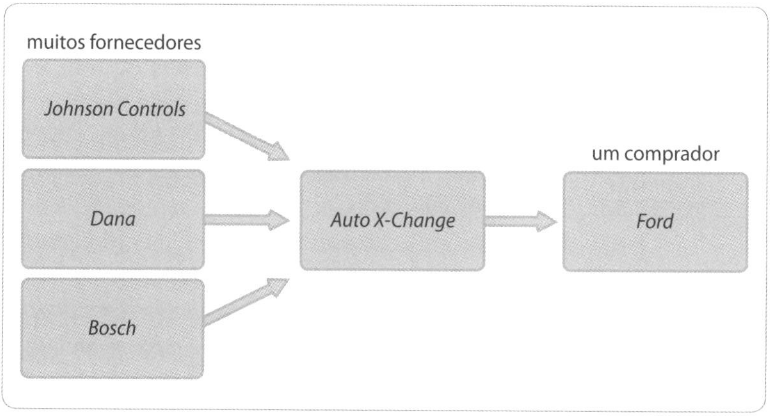

muitos fornecedores

Johnson Controls

Dana

Bosch

Auto X-Change

um comprador

Ford

Obtenção de receitas

Os mercados B2B contam com diferentes formas de obtenção de receitas, sendo as mais comuns:

- taxas por transação;
- porcentagem do ganho obtido;
- assinatura;
- hospedagem;
- publicidade e marketing.

C2C

O comércio eletrônico *consumer to consumer* (C2C) é aquele que se desenvolve entre consumidores – pessoas físicas – na internet.

O portal C2C é o intermediário da relação entre as pessoas e não tem responsabilidade sobre a qualidade dos produtos oferecidos.

Também chamados de *sites* de leilões, por causa de seu modelo de negócios, os *sites* C2C tiveram origem nas chamadas *garage sales*, nos

Estados Unidos, que eram vendas informais realizadas ocasionalmente por pessoas em seus jardins.

Devido ao alto grau de reclamações, alguns desses portais começaram a oferecer o chamado *e-scrow*, que é um intermediário que se encarrega de receber o dinheiro do comprador até que o fornecedor envie sua mercadoria. Ao receber e concordar com o produto recebido, o comprador permite que o *e-scrow* libere o dinheiro para o fornecedor.

Mundialmente, o líder C2C é o *e-Bay*, associado, no Brasil, ao Mercado Livre.

G2B e G2C

As iniciativas *government to business* (G2B) e *government to citizen* (G2C), também chamadas de *governo eletrônico* ou *e-Gov*, referem-se aos portais governamentais, que têm como objetivo prestar serviços para as empresas e os cidadãos.

Um exemplo desses modelos é o *site* da Receita Federal.

Mobile e-business

E-business

Em muitas empresas, o *e-business* é realizado por meio de PCs interligados a uma rede corporativa ou de *notebooks* e *laptops* conectados à rede via linhas telefônicas. Essa interligação física reduz a possibilidade de mobilidade das empresas.

Ter mobilidade na realização dos negócios *on-line* utilizando soluções sem fios tornou-se o objetivo das grandes corporações.

Situações de negócios

As grandes corporações identificaram algumas situações de negócios em que o *mobile e-business* (*m-business*) pode ter papel fundamental:

- atuação em um mercado específico – por exemplo, o atendimento a comunidades de médicos ou viajantes a negócios;
- manutenção de informação *on-line* e em qualquer lugar para os clientes – desse modo, são evitadas surpresas desagradáveis para os clientes, como o cancelamento de voos;
- realização de pagamentos via celular (*m-commerce*) – por exemplo, em *vending machines* ou em caixas de estacionamento, é grande o potencial de negócios com baixos volumes financeiros envolvidos em cada transação;
- agendamento *on-line* de visitas a clientes – reduzimos assim o tempo de espera;
- emissão de pedidos *on-line* – aplicável, principalmente, a vendedores de rua: cigarros, doces, bebidas, etc.;
- monitoramento remoto de equipamentos – válido também para assistência técnica remota;
- monitoramento remoto de veículos.

Telefones celulares

Os *sites* oferecem notícias, conteúdo personalizado, compra e venda de ações e de produtos, reserva de passagens aéreas, etc. O *m-commerce* já começa a ser utilizado em larga escala, visto que diversas operadoras no mundo estão implementando soluções de pagamento pelo uso de telefones celulares.

O telefone funciona como um terminal de comércio eletrônico, e as compras são debitadas em cartões de crédito, conta bancária ou na própria conta de serviços.

No Japão, a rede de telefonia NTT DoCoMo lançou um serviço que permite aos usuários de celulares de terceira geração (3G) pagar contas e sacar dinheiro com seus telefones. Os próprios aparelhos são dotados de sistemas de segurança para evitar que outras pessoas utilizem o serviço. Dispositivos especiais também podem ser instalados em caixas eletrônicos e nas lojas para permitir compras e saques.

Segundo a pesquisa da 2011 KPMG Mobile Payments Outlook, realizada com 970 empresas de todo o mundo, a maioria (58%) das empresas pesquisada já tem estratégias para pagamentos móveis em desenvolvimento.

Principais aplicações

As principais aplicações do *m-business* são:

A) Serviços baseados em localização:

- relatórios de tráfego em tempo real;
- recomendação de eventos e restaurantes;
- propaganda customizada;
- serviços para localização de pessoas.

B) Soluções empresariais:

- acesso a *e-mail* e bases de dados;
- informação atualizada por meio de tecnologia *push* – mensagem SMS e MMS, torpedos.

C) Serviços financeiros:

- saldos e extratos bancários;
- pagamento de contas;
- transferência de fundos.

D) Serviços de viagem e turismo:

- aquisição e troca de cartões de embarque;
- agendamento;
- reservas.

E) Jogos, apostas e entretenimento:

- jogos *multi-players* em tempo real;
- *download* de horóscopos e histórias em quadrinhos;
- loterias.

F) *M-commerce*:

- comparação de preços instantânea;
- ofertas especiais e vendas baseadas na localização.

Autoavaliações

Questão 1:

As operações eletrônicas englobam atividades realizadas por meio eletrônico, desde a simples interação com clientes e fornecedores, até a integração completa da cadeia de valor de uma empresa. Analisando as diferenças entre o *e-commerce* e o *e-business*, podemos concluir que o:

a) *e-business* somente pode ser utilizado por meio da internet.

b) *e-commerce* descreve os processos de compra e venda de produtos por meio da internet.

c) *e-commerce* é implementado pelo mesmo tipo de transações eletrônicas utilizadas pelo *e-business*.

d) *e-business* não se restringe à compra e à venda de produtos e serviços mas também serve clientes e colabora com parceiros de negócios.

Questão 2:

O sucesso de um projeto de *e-business* relaciona-se, diretamente, à capacidade de a empresa dispor de uma cadeia interna de fornecimento que consiga entregar os pedidos dos clientes de uma forma rápida, eficaz e a custos competitivos.

Nesse sentido, são válidos os seguintes modelos de negócios eletrônicos:

a) B2C, B2B, C2C, B2E.

b) B2L, B2V, C2D, P2P.

c) B2C, B2G, G2D, D2B.

d) C2B, B2B, M2M, F2B.

Questão 3:

Em muitos casos, o excesso de informações em muito prejudica a experiência do consumidor no comércio eletrônico.
Uma técnica que pode ser utilizada para resolver esse problema é a:

a) personalização de *websites*, adequando-os às necessidades individuais do cliente.
b) utilização de comparadores eletrônicos, trazendo a experiência *off-line* para o varejo eletrônico.
c) utilização de marcadores especiais, levando ao consumidor uma melhoria de sua experiência *on-line*.
d) personalização das redes sociais, fazendo com que uma massa de consumidores se solidarize entre si e, dessa forma, melhore o processo de compras.

Questão 4:

Analogamente ao modelo tradicional de vendas, o comércio eletrônico possibilita ao cliente uma variedade de formas de pagamento.
Nesse contexto, podemos afirmar que os principais meios de pagamento utilizados na internet são:

a) o cartão de débito e o vale eletrônico.
b) o cartão de crédito e o boleto bancário.
c) a transferência bancária e o dinheiro em espécie.
d) a personalização financeira e o escambo eletrônico.

Questão 5:

Um dos maiores problemas do varejo eletrônico é a desistência na hora do fechamento da venda.
Entre os dispositivos tecnológicos para potencializar vendas no B2C, podemos citar:

a) recomendação cognitiva, B2B e leilões.
b) filtragem colaborativa, *1-click ordering* e *chat* de apoio.
c) demonstração, múltiplos cliques e informativos por *e-mail*.
d) utilização de dinheiro em espécie, cestas de compras e *call center*.

Questão 6:

A usabilidade é um importante elemento para a melhoria da experiência do usuário em relação ao comércio eletrônico.
Entre as características da usabilidade, podemos citar a:

a) independência da navegação de um usuário em relação à forma pela qual o *website* foi desenvolvido.
b) existência de um limite cognitivo do cérebro humano, sendo válida a regra *sete mais ou menos dois* proposta por Miller.
c) navegação, em diversos níveis, por um usuário, já que, assim, temos certeza de que ele, realmente, quer finalizar a compra.
d) existência de uma interface, com o maior número possível de elementos, já que, desse modo, é possível melhorar o processo de obtenção de informações.

Questão 7:

O modelo B2B *muitos para muitos* também é chamado de *e-marketplace*.
Em relação a tal modelo, podemos afirmar que:

a) constitui a única maneira de se vender.
b) apresenta esquemas de precificação fixos.
c) é dividido em vertical, horizontal e diagonal.
d) cria uma ampla rede de compradores e vendedores.

Questão 8:

O mercado B2B também é chamado de *atacadista eletrônico* ou *e-distribution*.
O modelo B2B *alguns para muitos* tem como vantagem:

a) possibilitar que alguns clientes tenham acesso a muitos produtos, facilitando seu uso.
b) agregar alguns produtos para muitos fornecedores, melhorando assim sua eficiência.
c) funcionar como um atacadista eletrônico, agregando diversos catálogos de diversos fornecedores.
d) funcionar como um varejista eletrônico, permitindo o acesso a diversos produtos de vários fornecedores.

Questão 9:

O *electronic data interchange* (EDI) descreve a troca de dados entre parceiros de negócios, utilizando um formato padronizado.

Quanto ao EDI, podemos afirmar que:

a) pressupõe a utilização da internet.
b) foi desenvolvido pelo exército soviético, durante o bloqueio de Berlim.
c) é um sofisticado arquivo contendo todo o processo de gestão empresarial do parceiro.
d) permite que parceiros de negócios interliguem seus sistemas de gestão de forma automatizada.

Questão 10:

O *m-commerce* – comércio eletrônico utilizando telefone celular – já é uma realidade e começa a ser utilizado em larga escala.

As principais aplicações do *m-business* são os serviços de:

a) localização.
b) permuta de bens.
c) vale transporte eletrônico.
d) acesso a *e-mail* para soluções domésticas.

Vocabulário

Vocabulário

Alan Greenspan – PhD em Economia pela New York University. Foi presidente da Townsend-Greenspan & Co., Inc., uma firma de consultoria financeira. Entre 1974 e 1977, foi presidente do Conselho Presidencial de Economia e, em 1981, foi presidente da Comissão Nacional da Reforma da Segurança Social. Também foi indicado pelo presidente Reagan, em 1987, para o cargo de presidente do Federal Reserve System (FED), o Banco Central dos Estados Unidos, onde se manteve por 18 anos. Em sua gestão, enfrentou crises como a dos tigres asiáticos e do México, na década de 1990, além da bolha do setor de tecnologia.

Apple – empresa multinacional norte-americana que atua no ramo de aparelhos eletrônicos e de informática. Vende e oferece suporte a uma série de computadores pessoais, reprodutores de mídia portáteis, *software* e *hardware*.

Arquitetura aberta – conjunto de padrões que permite ampliar ou adaptar funcionalidades do sistema em diversos aspectos, podendo, inclusive, o programador fazer alterações no código fonte.

Avatar – imagem selecionada por um usuário para representar de forma imaginativa sua identificação em uma comunidade virtual.

Bernard Ebbers – ex-presidente e fundador da operadora de telecomunicações WorldCom. Responsável pela maior falência na história dos Estados Unidos. Com a quebra da WorldCom, começou a descoberta de um rombo de US$ 11 bilhões na contabilidade da empresa. Foi condenado por fraude, conspiração e emissão de documentos falsos.

Beta perpétuo – estado de constante desenvolvimento de um produto, *software* ou sistema já posto em uso.

Bit – simplificação para dígito binário – *binary digit*, em inglês. É a menor unidade de informação usada na computação. Um *bit* assume apenas um valor, que pode ser 0 ou 1. O conjunto de 8 *bits* forma 1 *byte*.

BitTorrent – sistema prático e rápido para compartilhamento de arquivos na internet. Por meio dele é possível baixar filmes, jogos, músicas ou qualquer tipo de arquivo que outros usuários estejam compartilhando. Realiza múltiplas conexões simultâneas para *upload* e *download*.

Bram Cohen – programador americano, responsável pelo desenvolvimento do programa da internet *BitTorrent*.

C

Computer-aided design (CAD)/computer-aided manufacturing (CAM) – o termo CAD pode ser definido como sendo o processo de projeto que se utiliza de técnicas gráficas computadorizadas, por meio da utilização de programas – *software* – de apoio, auxiliando na resolução dos problemas associados ao projeto. A sigla CAM refere-se a todo e qualquer processo de fabricação controlado por computador. A tecnologia CAD/CAM corresponde à integração das técnicas CAD e CAM em um sistema único e completo.

Cadeia de valor – noção segundo a qual uma empresa recebe insumos de fornecedores de recursos, transforma-os em resultados e canaliza esses resultados para os compradores, acrescentando valor em cada ponto do processo.

Centro de processamento de dados (CPDs) – local em que são concentrados os computadores e sistemas confiáveis – *softwares* – responsáveis pelo processamento de dados de uma empresa ou organização. Também conhecido como *data center*.

Cluster – grupo, geograficamente próximo, de empresas interligadas e instituições associadas a um determinado setor, ligadas por fins comuns e por complementaridade, que interagem, gerando sinergias.

Comoditização – dificuldade cada vez maior que um produto tem para se diferenciar de outro, tanto do ponto de vista técnico quanto do ponto de vista da utilidade.

Computação paralela – situação em que computadores dividem tarefas entre múltiplos microprocessadores, ao invés de utilizarem um processador único para a realização de uma tarefa de cada vez.

Concord – ferramenta de monitoramento de infraestruturas de ambientes de rede. Um exemplo de *concord* é a *HP OpenView*.

Control Objectives for Information and Related Technology (Cobit) – guia para a gestão de tecnologia da informação, recomendado pelo Information Systems Audit and Control Foundation (ISACF). Espécie de ferramenta de suporte que inclui recursos tais como sumário executivo, um *framework*, controle de objetivos, mapas de auditoria, conjunto de ferramentas de implementação e um guia com técnicas de gerenciamento. Segundo especialistas nessa gestão, trata-se de uma estrutura de otimização dos investimentos de TI e de fornecimento de medidas para a avaliação dos resultados.

Core business – critério de definição de negócio baseado na agregação de valor que o produto ou o serviço da empresa proporciona.

Customer relationship management **(CRM)** – estratégia de negócios baseada no relacionamento da empresa com o cliente, com destaque para a participação da tecnologia como forma de automatizar os diversos processos de negócio, como vendas, marketing, serviços ao consumidor e suporte de campo. O CRM integra pessoas e processos, otimizando o gerenciamento.

D

Donal Flynn – cofundador e coeditor do jornal *Information Systems Review*, periódico do campo dos sistemas de informação. No início da carreira, trabalhou na Holanda e na Bélgica como programador, designer e consultor. Além do *Information Systems Review*, contribui com outros periódicos especializados, como o *European Journal of Information Systems* e o *Journal of Strategic Information Systems*.

Drive virtual – disco virtual que armazena arquivos pessoais na internet para serem acessados de qualquer micro conectado à *web*. Tem a mesma finalidade de um disquete ou *pen drive*, mas não é físico, material, mídia removível.

E

Eficiência – ação de boa qualidade, praticada corretamente, sem erros e orientada para a tarefa. Em outras palavras, diz respeito aos meios de se fazer bem certos processos e fazer certo um processo qualquer. Ressalta-se que o conceito de eficiência diferencia-se do conceito de eficácia. Nesse sentido, eficiência é cavar um poço artesiano com perfeição técnica; já eficácia é encontrar a água.

Efraim Turban – professor da Universidade da Cidade de Hong Kong. Concluiu seu MBA e PhD na Universidade da Califórnia, Berkeley. Em 1997, recebeu o prêmio Distinguished Faculty Scholarly and Creative Achievement, na Universidade do Estado da Califórnia, Long Beach. Publicou mais de 100 artigos nos principais periódicos acadêmicos. Também publicou 21 livros, entre eles *Fundamentals of electronic commerce*, em 2002.

Electronic data interchange (EDI) – *software* de troca eletrônica de dados para a realização do comércio eletrônico entre empresas.

Empresas *pontocom* – *sites* de comércio eletrônico (*e-commerce*) surgidos no Brasil no fim da década de 1990, a reboque do desenvolvimento tecnológico e consequente expansão da internet. Hoje em dia, as empresas *pontocom* permitem a realização das mais variadas tarefas, desde fazer reservas em hotéis e alugar carros a fazer cursos a distância ou calcular impostos. O grande apelo do comércio *on-line* é a escassez de tempo das pessoas, que se reduz, sensivelmente, no mundo virtual.

***Enterprise resource planning* (ERP)** – *software* que auxilia a gestão empresarial nas importantes fases dos negócios e processos desenvolvidos, como a produção, a compra de itens e a manutenção de estoques, entre outros. O uso desse programa possibilita maior competição, melhoria na produtividade e na qualidade dos produtos e nos serviços prestados aos clientes, redução de custos e outros benefícios.

Extranet – parte da intranet que pode ser acessada por usuários autorizados fora da empresa, sejam eles os próprios funcionários ou, ainda, clientes, fornecedores, vendedores, parceiros e consumidores.

F

Ferramenta *case* – aplicativo que auxilia os profissionais envolvidos na tarefa de produzir sistemas. O tipo de ajuda que a ferramenta fornece depende, exclusivamente, da proposta do fabricante.

Framework – estrutura de suporte definida em que um outro projeto do *software* pode ser organizado e desenvolvido. Pode incluir programas de apoio, bibliotecas de código, linguagens de *script* e outros *softwares* para ajudar a desenvolver e juntar diferentes componentes do projeto.

G

Ganho de escala – ganho relacionado a uma maior produção com um custo menor. São exemplos: a substituição de trabalho humano por maquinário ou a ampliação da planta de uma indústria.

George Miller – psicólogo considerado um dos criadores da ciência cognitiva moderna, seus estudos sobre a linguagem estão entre os primeiros em psicolinguística. Estabeleceu que a consciência pode manejar *sete mais ou menos dois* segmentos de informação ao mesmo tempo. Essas contribuições foram essenciais para o desenvolvimento da programação neurolinguística. Atualmente, é professor na Universidade de Princeton.

H

Hacker – nome que se dá aos piratas eletrônicos que buscam as falhas de segurança nos sistemas a fim de fraudar transações.

Henry Lucas – PhD pela Sloan School of Management do Instituto de Tecnologia de Massachusetts. Professor de sistemas de informação na Leonard N. Stern School of Business, da Universidade de Nova York. Autor de 11 livros, assim como monografias e mais de 70 artigos em periódicos especializados no impacto da tecnologia, na tecnologia da informação no plano de organizações, no retorno do investimento em tecnologia e nas estratégias corporativas.

HP openview – espécie de ferramenta de monitoramento que acompanha, em tempo real, todos os componentes da infraestrutura de uma organização e a comparação com *service level agreements* (SLAs) previamente definidos. Em caso de detecção de qualquer degradação potencial no SLA, a plataforma dispara alarmes, notificações, além de dar comandos de alterações na cobrança compatíveis com eventuais penalidades de violação no SLA. Também pode emitir relatórios periódicos sobre violações nos serviços e no SLA.

Hub/switch – ponto central que possibilita a comunicação entre várias máquinas. O que distingue o *switch* do *hub* é a característica do *hub* de ser um simples retransmissor que recebe para os computadores conectados a ele, recebendo dados de apenas um computador por vez. Já os *switches* permitem, por exemplo, que vários pares de micros troquem dados entre si ao mesmo tempo.

I-mode – serviço de acesso à internet em que a transferência de dados é feita por pacotes e em que, além disso, a tarifa é calculada por essa quantidade, e não por tempo de conexão do usuário.

Índice Nasdaq – índice eletrônico que mede a evolução dos papéis das principais empresas do setor tecnológico dos Estados Unidos. Exprime a variação média diária das cotações de todas as empresas, incluindo empresas não norte-americanas, listadas no Nasdaq.

Information Technology Infrastructure Library (Itil) – modelo de referência para gerenciamento de processos de tecnologia da informação (TI) mais aceito mundialmente. Descreve os processos necessários para gerenciar a infraestrutura de TI eficiente e eficazmente, de modo a garantir os níveis de serviço acordados com os clientes internos e externos. Criada pela secretaria de comércio Office of Government Commerce (OGC), do governo inglês, para desenvolver as melhores práticas para a gestão da área de TI, em empresas privadas e públicas. Atualmente, tornou-se a norma BS-15000, anexo da ISO 9000/2000.

International Project Management Association (IPMA) – organização sem fins lucrativos, registrada na Suíça, com escritório no Reino Unido. Sua função é promover o gerenciamento de projetos, internacionalmente, por meio de uma rede de membros, formada por associações de todo o mundo. Para saber mais sobre o IPMA, acesse <www.ipma.ch>.

Internet – conglomerado de redes de milhões de computadores interligados em todo o mundo, que permite o acesso a informações e a todo tipo de transferência de dados. Trata-se da principal das novas tecnologias de informação e comunicação (NTICs).

Intranet – rede interna que usa as mesmas ferramentas da internet. Fornece os recursos básicos de comunicação e ajuste que os usuários esperam de uma internet, com uma grande vantagem em relação aos antigos sistemas – o menor dispêndio de capital.

iPhone – aparelho desenvolvido pela Apple com funções de *iPod*, câmera digital e internet. Oferece serviços de *e-mail*, mensagens de texto, visual *voicemail*, entre outros. A interação com o usuário é feita por meio de uma tela sensível ao toque.

iPod – aparelho de áudio digital portátil projetado e vendido pela Apple. Oferece uma interface simples para o usuário, centrada no uso de uma roda clicável. Pode servir como um armazenador de dados quando conectado a um computador.

iPod Touch – aparelho de mídia portátil desenvolvido pela Apple. Possui tela sensível ao toque similar à do *iPhone*. Toca mp3, reproduz vídeos e tem acesso à internet via *Wi-Fi*. Sua tela ocupa praticamente toda a face frontal do aparelho.

J

James Martin – doutor pela Universidade de Oxford e fundador do Instituto James Martin, nessa mesma universidade. Ganhou o prêmio Pulitzer por sua obra *The wired society*. Palestrante renomado, Martin também foi agraciado com o título de doutor *honoris causa* por todos os seis continentes, sendo considerado uma das mais influentes personalidades em tecnologia computacional pela Computer World's 25th Anniversary Edition's.

Jeff Bezos – engenheiro formado em Engenharia Elétrica e Informática pela Princeton University. Criador do portal de comércio eletrônico Amazon. Antes de criar o Amazon, trabalhou como analista financeiro em Wall Street. Foi eleito a personalidade do ano de 1999 pela *Time Magazine*.

K

Kazaa – programa para compartilhamento de arquivos que utiliza a tecnologia *peer-to-peer* (P2P). Possibilita a localização e a troca de arquivos com outros usuários que utilizam o mesmo programa. O *Kazaa* foi desenvolvido pelo sueco Niklas Zennstrom e pelo dinamarquês Janus Friis, e lançado no mercado pela companhia holandesa Consumer Empowerment, em março de 2001. Desde então, vem sofrendo inúmeros processos pela indústria fonográfica, por facilitar a troca de arquivos ilegais – material protegido por *copyright*. Desde 2002, o *Kazaa* pertence à Sharman Networks.

Kenneth C. Laudon – PhD pela Universidade de Columbia e Bacharel em Economia pela Universidade de Stanford. É professor de Sistema de Informações da New York University's Stern School of Business. Autor de vários livros sobre sistema de informação, organizações e sociedade, tecnologia da informação, gestão de estratégia, entre outros.

Knowledge work systems **(KWS)** – sistemas de informação que auxiliam os profissionais do conhecimento a criar e a integrar novos conhecimentos na organização.

M

Machine to machine **(M2M)** – relações de comércio eletrônico com um elevado grau de automatização, uma vez que podem ser realizadas independentemente da intervenção humana.

Manual eletrônico/*point of sale* **(POS)** – manual para a programação de máquinas.

*Market share***/parcela de mercado** – percentual entre o que a empresa vendeu de uma determinada categoria de produto ou serviço e o que todas as empresas do setor venderam – mercado total. Razão entre as vendas de uma empresa e o mercado total.

Metadados – informações localizadas na *web*, inteligíveis por um computador. Representação de um objeto digital, são dados capazes de descrever outros dados.

Michael Oxley – político norte-americano do Partido Republicano. Trabalhou como delegado pelo 4º Distrito Congressional de Ohio e propôs, juntamente com Paul Sarbanes, a Lei Sarbanes-Oxley.

Michael Porter – doutor em economia empresarial pela Universidade de Harvard, conhecido como a principal autoridade mundial em estratégia de competitividade e competitividade internacional. Possui experiência como professor de administração de empresas da Harvard Business School e como assessor sênior de várias das principais empresas americanas e internacionais. Realiza *workshops* sobre competitividade para o setor privado global e estudos econômicos importantes para o setor público. Promove palestras para um público composto por membros de empresas e governos.

Microsoft Surface – computador em formato de mesa com uma tela de 30" *touchscreen*, sendo o uso de *mouse* e teclado totalmente dispensáveis. Ao invés do uso desses objetos, o usuário faz suas atividades apenas com o toque na tela. Possui tecnologia muito avançada, reconhecendo e interagindo com outros aparelhos colocados sobre sua superfície. Como exemplo, podemos colocar um celular, uma máquina fotográfica ou PDA sobre a mesa, e os dados serão transferidos para o equipamento.

Modem – palavra formada pela junção do início de duas palavras inglesas: *modulator* e *demodulator*. É um dispositivo que liga um equipamento de processamento de dados a um canal de comunicação, sendo sua função a de converter esses dados, modulá-los, em uma forma compatível a esse canal, desfazendo a operação, isto é, demodulando-os ao fim do processo.

N

Napster – primeiro programa para compartilhamento de arquivos utilizando a rede P2P a ser criado. Foi desenvolvido em 1999, por Shawn Fanning, um estudante americano de 19 anos. Logo que surgiu, o *Napster* tornou-se popular, pela facilidade com que ele permitia o intercâmbio gratuito entre arquivos, sendo utilizado especialmente para o compartilhamento de músicas.

O *Napster* preocupou a Recording Industry Association of America (Associação da Indústria de Gravações da América), que acusou o *Napster* de promover a pirataria, pois o sistema não permitia o controle sobre os direitos autorais. Em julho de 2001, teve suas atividades suspensas, resultado de uma ação judicial movida pelas gravadoras. Os prejuízos dessa paralisação não foram superados, mesmo quando passou a cobrar pelo compartilhamento de arquivos. Em maio de 2002, foi vendido, por US$ 8 milhões, ao grupo alemão Bertelsmann, proprietário da gravadora BMG. A Bertelsmann, no entanto, também enfrentou um processo, movido por autores musicais, no valor de US$ 17 bilhões. Em novembro de 2002, o *Napster* teve decretada sua falência. Logo depois, a Roxio, empresa californiana de distribuição de CDs e sistemas de mídia digital, arrematou, por US$ 5,3 milhões, os direitos sobre sua marca registrada, propriedade intelectual do serviço e portfólio tecnológico.

Nicholas G. Carr – ex-editor executivo da revista *Harvard Business Review*, considerado um dos principais pensadores sobre tecnologia da informação. Autor também do livro *The big switch: rewiring the world*. Muito conhecido por suas declarações polêmicas, como, por exemplo, que a tecnologia da informação não importa.

Nicholas Negroponte – arquiteto americano e fundador do Media Lab, laboratório multimídia e *think tank* do Massachusetts Institute of Technology (MIT), onde é professor desde 1966.

Nós – computadores que compõem uma rede. No caso de uma rede neural, os nós são os processadores que funcionam como neurônios do sistema.

Nova economia – circunstância econômica, também chamada de economia digital, caracterizada, principalmente, pelas alterações nos mais diversos setores de atividade da economia mundial e que decorrem da progressiva globalização, da rápida evolução tecnológica e da informática, além da saturação dos mercados.

P

Paul Sarbanes – democrata e ex-senador representante do estado de Maryland. Foi o senador que permaneceu por mais tempo, na história de Maryland, no cargo, tendo servido de 1977 até 2007. Ele não tentou a reeleição em 2006 e foi, então, substituído por Ben Cardin. Era conhecido por seu estilo retraído, frequentemente evitando ficar em evidência em seus 30 anos de carreira como senador. Propôs, juntamente com Michael Oxley, a Lei Sarbanes-Oxley.

Produto substituto – mercadoria que possui a mesma função de uma outra, já existente no mercado. Porém, dotada de uma tecnologia mais avançada, é mais eficiente e, algumas vezes, acumula outras funções. Por exemplo, há o celular com câmera fotográfica digital, substituindo a máquina fotográfica com filme, o mp3 substituindo o *walkman* e, às vezes, até mesmo o *pen drive* e o CD.

Project Management Institute (PMI) – associação criada em 1969 e sediada na Philadelphia, Pennsylvania, EUA. O PMI é, em termos mundiais, a maior associação profissional sem fins lucrativos voltada para gerenciamento de projetos, contando com mais de 100 mil membros no mundo todo. Os objetivos estratégicos do PMI são:

- ampliar o reconhecimento e a aceitação do profissionalismo do gerente de projetos;
- ampliar a base de conhecimento de gerenciamento de projetos;
- desenvolver e expandir a comunidade de gerenciamento de projetos;
- promover a organização PMI, a excelência e a viabilidade, além de tornar-se global.

R

Radio-frequency identification **(RFID)** – tecnologia de identificação que utiliza a radiofrequência para capturar os dados e não a luz como no caso do código de barras.

Rede social – rede de comunicação cujos integrantes se ligam, horizontalmente, a todos os demais, diretamente ou por meio dos que os cercam. O conjunto resultante é como uma malha de múltiplos fios, que pode se espalhar para todos os lados, sem que nenhum de seus nós possa ser considerado principal ou central.

Release – literalmente, designa liberação. No âmbito da informática ou da tecnologia, trata-se da distribuição, privada ou pública, de uma versão atualizada de um novo *software*.

Rolim Amaro – piloto de aeronaves e empresário brasileiro. Nasceu em Pereira Barreto, cidade do oeste paulista, em 15 de setembro de 1942. Decolou, pela primeira vez, em 1972. Graças ao dinheiro emprestado por um amigo, pôde trabalhar na Tam, na Táxi Aéreo Marília e na Vasp, até receber a proposta de ser piloto particular na Amazônia. Na Tam, tornou-se presidente e transformou a empresa na maior companhia aérea do Brasil, entre os anos 1970 e 2001, adquirindo suas ações. Era considerado um homem de fibra e de resultados de excelência.

Rótulo beta – *beta* é como é chamada a versão preliminar de um produto, *software* ou sistema, antes de seu lançamento oficial; a versão que sofre testes feitos pelos próprios usuários, em condições reais de uso, em busca de eventuais erros a serem corrigidos para a versão definitiva. É sob este rótulo que o produto, nesse estágio, é apresentado.

S

Sarbanes-Oxley Act – documento legislativo, aplicável a todas as empresas presentes nos mercados acionistas norte-americanos, que estabelece requisitos bastante rigorosos na área de governança corporativa, mais especificamente, na definição do sistema de controle interno, seu funcionamento e na responsabilidade dos gestores com relação à confiabilidade das demonstrações financeiras. Tem como objetivo conferir uma nova imagem de segurança e credibilidade às grandes empresas e aos mercados de capitais.

Servidor *tracker* – servidor que auxilia na comunicação entre dois computadores que utilizam o protocolo *BitTorrent* para partilhar de arquivos indexados a *websites.*

Sistema de apoio executivo/*executive support system* (ESS) – sistema de apoio à decisão, desenvolvido especificamente para o nível gerencial. Baseia-se na tecnologia da informação, incluindo computadores e instrumentos de comunicação, tais como telefone, televisão, fax e internet, com o objetivo de aprimorar a eficiência e a eficácia dos dirigentes de uma organização.

Sistema totalmente integrado – tipo de sistema em que todos os dados e processos de uma organização são integrados e centralizados.

Sistemas especialistas – programas computacionais destinados a solucionar problemas em um campo especializado do conhecimento humano. Usam técnicas de inteligência artificial, base de conhecimento e raciocínio inferencial.

Sistemas integrados de gestão – conjuntos de sistemas que atendem a várias áreas administrativas e funcionais de uma organização, ao mesmo tempo em que integram essas áreas entre si. Também conhecido como ERP.

SiteScope – ferramenta de monitoramento de infraestruturas de ambientes de rede, tal como a *HP OpenView.*

***Software as a service* (SaaS)** – *software* implementado como um serviço hospedado, podendo ser acessado e utilizado via internet.

Software houses – empresas que desenvolvem *softwares* em geral, incluindo *softwares* aplicativos de automação comercial.

T

Tecnologia 3G – terceira geração de telefonia móvel, sendo a primeira a dos celulares analógicos e a segunda dos digitais. Permite ao usuário ter acesso a serviços de banda larga sem fio em qualquer tipo de computador.

Thomas H. Davenport – professor de gerenciamento de informação na Universidade do Texas, em Austin, onde dirige o Information Management Program. Dirigiu a área de pesquisa da Ernest & Young, McKinsey e CSC Index. Escreveu a obra *Ecologia da informação*.

Tim O'Reilly – fundador, presidente e *chief executive officer* (CEO) da O'Reilly Media Inc. e entusiasta de movimentos de apoio ao *software* livre e código livre. Inicialmente, O'Reilly interessou-se por literatura no ensino médio, mas após sua graduação em Harvard, em 1975, com bacharelado em filologia clássica, passou a envolver-se no campo de manuais de computação. Considerado o criador do termo *web 2.0*, é autor do código de conduta para *blogs*.

Transaction processing systems (TPS) – aplicações que processam as transações diárias da organização. Têm a tarefa de monitorar, processar e automatizar as funções básicas e rotineiras de uma organização, tais como processamento da folha de pagamentos, faturamento, etc. Em português, corresponde a Sistemas de Processamento Transacional (SPT).

Transmission control protocol (TCP)/internet protocol (IP) – conjunto de protocolos de comunicação entre computadores em rede. O TCP cuida da transmissão dos dados e da correção de erros, e o IP cuida do endereçamento. Tais protocolos surgiram no âmbito militar da necessidade de interligar as pequenas redes de computadores do exército americano, formando uma grande rede, hoje chamada de internet. É conhecido, em português, como protocolo de controle de transmissão/protocolo internet.

U

Uptime – medida de tempo relacionada a um sistema de computador que está ligado e em funcionamento. É o oposto de *downtime* – relacionado a um sistema que não está em operação. Pode ser traduzido como *tempo de atividade*.

V

Verificação cruzada – averiguação de dados comparando-os com outros de forma a garantir a validade dos mesmos. Cruzamento de informação.

VoIP* sobre *Wi-Fi – transmissão da voz usando a internet ou qualquer outra rede de computadores baseada no protocolo de internet. *Wi-Fi* é marca registrada da *Wi-Fi Alliance*, pertencente à classe de dispositivos de rede local sem fios. *VoIP* sobre *Wi-Fi*, portanto, é a possibilidade de, estando coberto por *Wi-Fi*, utilizar-se da voz sobre IP, ficando dispensado das tarifas de telefonia móvel.

VoIP* sobre *Wi-Max – transmissão da voz usando a internet ou qualquer outra rede de computadores baseada no protocolo de internet. *Wi-Max* é acrônimo para *Worldwide Interoperability for Microwave Access* (Interoperabilidade Mundial para Acesso por Micro-Ondas). Trata-se de uma tecnologia de banda larga sem fio alternativa às com cabo e DSL. *VoIP* sobre *Wi-Max* é, então, a possibilidade de, estando coberto por *Wi-Max*, utilizar-se da voz sobre IP, ficando dispensado das tarifas de telefonia móvel.

W

Weblog – serviço, também conhecido como *blog*, que permite criar um diário digital, isto é, um *site* para o registro de relatos do cotidiano de seu proprietário. É uma modalidade de *website* de fácil criação e atualização de conteúdo, que, devido a isso, está se tornando um meio de expressão individual mais complexo do que um diário, existindo *weblogs* com conteúdos especializados nos mais diversos assuntos.

Wireless – tecnologia que permite comunicação sem conexão física direta entre os equipamentos, por meio da instalação de uma antena e de um rádio de transmissão. A transferência, entretanto, não interfere em nenhum tipo de aparelho eletrônico, pois o sinal é recebido em alta frequência.

WorldCom Public Relations Group – empresa norte-americana de telefonia, considerada o maior grupo de empresas independentes de consultoria em comunicação, assessoria de imprensa e relações públicas do mundo.

Autoavaliações – Gabaritos e comentários

Módulo I – TI nas organizações: estratégicas e conceitos

Questão 1:

Gabarito: c

a) apresentava lucros crescentes, o que gerou uma grande valorização de suas ações.
b) filiava-se a empresas da velha economia, o que pôs fim às empresas chamadas *pontocom*.
c) apresentava atividades deficitárias, que eram mantidas pela própria valorização de suas ações.
d) possuía modelos de negócios, que eram complementares às atividades das empresas tradicionais.

Comentários:

Esse período – entre os anos de 1995 a 2001 – foi marcado pela criação de empresas baseadas na internet, as chamadas empresas *pontocom*. Tais modelos de negócios eram mantidos pelo capital de risco abundante na época, tendo como objetivo a geração de uma vantagem competitiva que, no futuro, gerasse lucros compensatórios.

Questão 2:

Gabarito: d

a) utilizar os dados geográficos tradicionais.
b) continuar a vender para as pessoas e não para seus personagens.
c) criar ambientes reais para orquestrar a exploração do cliente na direção das compras.
d) desenvolver novas habilidades de seus funcionários para conectar, contribuir e obter dicas dessa geração.

Comentários:

A Geração V engloba as pessoas que substituem a experiência física pela experiência *on-line*: mundos virtuais, *videogames*, *blogs*, redes sociais ou mesmo interação em *sites* de comércio eletrônico. Tais pessoas ganham *status* e reconhecimento por dar conselhos ou recomendações sobre produtos ou serviços em todo mundo.

Questão 3:

Gabarito: d

a) os *softwares* que não são serviços (SnsS).
b) os mundos reais e a inteligência natural.
c) a volta dos *bureaus* de serviço e o fim da computação pessoal.
d) a integração da internet com dispositivos domésticos e o uso intensivo de comércio eletrônico.

Comentários:

Cada vez mais, teremos dispositivos domésticos – TVs, rádios, geladeiras, elevadores, entre outros – integrados à internet e, consequentemente, induzindo ao uso cada vez maior do comércio eletrônico. É o chamado comércio eletrônico *machine-to-machine*.

Questão 4:

Gabarito: d

a) diminui a competitividade, melhorando os produtos dos fornecedores.
b) diminui o número de competidores, já que eles tendem a se associar.

c) traz um aumento global nos lucros do setor, já que o número de competidores no mercado se eleva.

d) traz novas habilidades e novos desejos de ganhos de mercado, levando a uma diminuição dos lucros potenciais do setor.

Comentários:

A entrada de novos competidores depende das barreiras de entrada existentes e da reação dos competidores existentes. Um caso a ser analisado é o da Microsoft, que, ao entrar no mercado de planilhas eletrônicas, desbancou a Lotus; ao entrar no mercado de processadores de texto, desbancou a WordPerfect; e, ao entrar no mercado de navegadores *web*, literalmente, acabou com a Netscape.

Questão 5:

Gabarito: c

a) aumentam a lucratividade do setor, já que aumentam seu mercado.
b) limitam a concorrência, na medida em que não influenciam a lucratividade de um setor.
c) limitam a lucratividade do setor, na medida em que estabelecem um teto para a venda de seus produtos.
d) aumentam a lucratividade do setor, já que, por meio da convergência, inserem novas funcionalidades ao setor.

Comentários:

Um substituto desempenha a mesma função que um produto do setor analisado, só que de forma diferente. Por exemplo: atualmente, os celulares se mostram substitutos das câmeras fotográficas digitais.

Questão 6:

Gabarito: a

a) reduz as barreiras de entrada.
b) diminui o poder sobre os fornecedores.
c) aumenta a diferença entre os competidores.
d) facilita a manutenção de aplicações como proprietárias.

Comentários:

A internet deixa transparecer um grande paradoxo, isto é, ao mesmo tempo em que apresenta inúmeros benefícios – disponibiliza a informação, reduz as dificuldades das compras, do marketing e da distribuição, entre outros –, dificulta a lucratividade das empresas.

Questão 7:

Gabarito: d

a) as atividades virtuais eliminam a necessidade das atividades físicas de modo geral.
b) a arquitetura fechada da internet permite fornecer às empresas uma plataforma desintegrada.
c) as empresas podem usufruir das vantagens da internet a um baixo custo, já que podem utilizar plataformas proprietárias.
d) a internet é a melhor ferramenta para aumentar a eficácia operacional das empresas, já que permite melhoramentos ao longo de toda a cadeia de valor.

Comentários:

A internet facilita e aumenta a velocidade da troca de informação em tempo real, permitindo melhoramentos ao longo de toda a cadeia de valor em quase todas as empresas e setores de atividade. Por ser uma plataforma aberta com padrões comuns, a empresa pode usufruir de seus benefícios com muito menos investimento do que era necessário para se beneficiar nas gerações anteriores de tecnologia de informação.

Questão 8:

Gabarito: d

a) imortal, já que as informações não serão apagadas.
b) onisciente, já que a concessionária pública da informação tudo saberá.
c) benevolente, já que a concessionária pública da informação só faz o bem.
d) onipresente, já que o acesso à informação estará disponível em qualquer lugar.

Comentários:

Segundo Carr, a internet será transformada em um recurso onipresente, ou seja, uma "concessionária pública da informação". Dessa forma, será um mecanismo utilizado pelas pessoas para acessar informação e contatar outras pessoas, de qualquer lugar, utilizando qualquer dispositivo.

Questão 9:

Gabarito: c

a) utilização de *bureaus* de serviço, processamento concentrado, desagregação das mídias e *unbundling*.
b) facilidade de uso, centralização do conteúdo, concentração na plataforma Microsoft e TV a cabo.

c) **simplicidade, contribuição dos usuários, fim do ciclo de lançamento de *software*, múltiplas plataformas e poder da publicidade *on-line*.**

d) desaparecimento da TV por assinatura, retorno do conteúdo às redes jornalísticas, cobrança de direitos autorais dos usuários de redes ponto a ponto.

Comentários:

A *Web 2.0* tem, dentre suas principais características, a simplicidade e a contribuição dos usuários. Esse novo paradigma trouxe consigo o fim do ciclo de lançamento de *softwares,* inaugurando uma era na qual as melhorias são introduzidas progressivamente. O desenvolvimento de versões para plataformas específicas deixou de ser uma necessidade, uma vez que apenas o navegador passou a possibilitar o acesso a serviços. Em sintonia com essas mudanças, a publicidade *on-line* adquiriu um novo patamar, tornando-se uma fonte de financiamento para a criação de *softwares* e para a entrega serviços.

Questão 10:

Gabarito: b

a) expansão das redes de varejo de CDs e DVDs.
b) **mudança no modelo de negócios das empresas de mídia.**
c) compra das empresas de telecomunicações pelos usuários.
d) diminuição no uso de banda larga pelos usuários da internet.

Comentários:

Como o uso das redes ponto a ponto, inevitavelmente, está levando ao compartilhamento maciço de mídia, como músicas e filmes, as empresas de mídia têm estudado formas alternativas de comercialização de seu conteúdo.

Módulo II – Infraestrutura, segurança e governanças de TI

Questão 1:

Gabarito: b

a) um projeto conjunto do FBI e da Nasa.
b) um projeto para testar a viabilidade de uma rede de computadores em nível nacional.
c) uma forma anárquica de comunicação, na qual seriam criadas comunidades virtuais.
d) uma rede que permitisse que as pessoas de todo o mundo compartilhassem arquivos.

Comentários:

O objetivo original do projeto da internet era intrinsecamente militar. Contudo, com o tempo, a internet cresceu vertiginosamente, devido, sobretudo, a seu uso comercial, em 1993, nos Estados Unidos. No Brasil, a internet comercial iniciou-se em 1995.

Questão 2:

Gabarito: b

a) proporcionar auditorias de segurança nos PCs dos usuários.
b) rodar serviços padrão e alugar hora de máquina para o cliente.
c) implantar rotinas de segurança e prestar consultorias para os clientes.
d) desenvolver sistemas para a plataforma *Windows* e distribuí-los por meio de canais específicos.

Comentários:

O *bureau* de serviços prestava quatro tipos de serviços:

- rodar serviços padráo;
- desenvolver aplicativos específicos para os clientes e rodá-los no *bureau*;
- alugar hora de máquina para o cliente desenvolver ou rodar o que quisesse;
- alugar hora de máquina para um cliente que estivesse para alugar um computador.

Questão 3:

Gabarito: d

a) *unbundling, outsourcing, e-commerce* e *downsizing.*
b) desenvolvimento, auditoria, implantação e manutenção.
c) implantação, gerenciamento, convergência e distribuição.
d) infraestrutura, escalabilidade, gerenciamento e disponibilidade.

Comentários:

O mercado de *internet data center* (IDC) surgiu nos Estados Unidos para atender a uma demanda de mercado que, a princípio, parecia ser inesgotável.

Além dos pontos mencionados na opção correta, o IDC também oferece segurança às empresas.

Questão 4:

Gabarito: b

a) identificação correta de um usuário ou de um computador.
b) **proteção das informações contra sua revelação para alguém não autorizado.**
c) proteção contra modificação sem a permissão explícita do proprietário da informação.
d) identificação dos serviços prestados pelo sistema de forma que eles se tornem indisponíveis sem autorização.

Comentários:

A informação deve ser protegida qualquer que seja a mídia que a contenha. Devemos cuidar não apenas da proteção da informação como um todo mas também de partes da informação que podem ser utilizadas para interferir sobre o todo. No caso da rede, isso significa que os dados, em trânsito, não serão vistos, alterados ou extraídos.

Questão 5:

Gabarito: c

a) o esquema utiliza uma única chave para criptografar um conteúdo.
b) o esquema é muito mais rápido e eficiente do que o da chave secreta.
c) **as chaves utilizadas têm de ser muito maiores do que o de chave secreta.**
d) as chaves aumentam exponencialmente com o aumento do número de usuários.

Comentários:

Para obter o mesmo nível de segurança de uma chave secreta de 128 bits, é necessário utilizar chaves públicas e privadas de 3.078 bits.

Questão 6:

Gabarito: c

a) é uma prática comum, que criptografa todas as páginas de um *site*.
b) foi desenvolvido para assegurar acesso à rede de maneira democrática.
c) é o protocolo de segurança mais utilizado em *sites* de comércio eletrônico.
d) foi desenvolvido para transmitir, de maneira rápida, os dados criptografados.

Comentários:

O *secure sockets layer*, que funciona de forma simplificada, é usado em praticamente todos os *sites* que fazem comércio eletrônico na rede: livrarias, lojas de CD, bancos, etc.

Questão 7:

Gabarito: b

a) o uso de *ftp://* em vez de *http://*.
b) o uso de *https://* em vez de *http://*.
c) um pote dourado indicando *área segura*.
d) um desenho quadriculado em que está escrito *área de segurança*.

Comentários:

Na prática, são mostradas, para o usuário, algumas indicações visuais de que ele se encontra em ambiente seguro, ou seja, protegido pelo SSL. Além do uso de *https://* em vez de *http://*, é exibido um cadeado fechado na parte inferior direita do navegador.

Questão 8:

Gabarito: d

a) cuidam das questões relativas à segurança da empresa.
b) controlam o padrão de qualidade dos processos e produtos.
c) relacionam-se com os projetos estratégicos e financeiros da empresa.
d) **fazem uso intensivo de recursos, custos correntes ou investimento de capital.**

Comentários:

Por meio do *outsourcing*, pretende-se outorgar maior valor agregado para os clientes e produtos mediante agilidade e oportunidade no manejo dos processos transferidos, além da redução do tempo de processamento e, inclusive, da redução de custos e de pessoal.

Questão 9:

Gabarito: d

a) conjunto de normas relacionadas ao recolhimento de tributos.
b) conjunto de qualidades que é aplicado no controle estatístico de processos (CEP).
c) sistema de criptografia que garante o sigilo das informações trocadas com a autoridade fiscal.
d) **sistema que assegura aos sócios-proprietários equidade, transparência, responsabilidade pelos resultados e obediência às leis do país.**

Comentários:

Além de permitir uma melhor administração da empresa, a governança configura-se como fator para o acesso ao mercado de capitais, traduzindo-se em benefícios aos acionistas.

Questão 10:

Gabarito: b

a) CCTA, Anatele Ibama.
b) Itil, Cobit e Sarbanes-Oxley Act.
c) ITU-T, Epper-Bouxley Act e SOX-BOX.
d) CCITT, ISO 54601 e ABNT NBR 10006.

Comentários:

As mais conhecidas normas para governança corporativa são:

- a Information Technology Infrastructure Library (Itil);
- Control Objectives for Information and related Technology (Cobit);
- a Sarbanes-Oxley Act – uma lei que busca criar mecanismos de auditoria e segurança nas empresas.

Módulo III – Aplicações nas organizações

Questão 1:

Gabarito: b

a) isolamento das pessoas.
b) controle sobre as operações.
c) nível de desemprego tecnológico.
d) empobrecimento das funções do trabalho.

Comentários:

Entre algumas vantagens do uso de sistemas de informações, podemos citar:

- maior eficiência;
- menores custos;
- melhoria dos serviços ao consumidor;
- melhor planejamento e organização das atividades operacionais e de distribuição;
- menor dependência de processos intensivos em mão de obra não especializada.

Questão 2:

Gabarito: d

a) prejudicam os procedimentos das empresas.
b) integram-se com bancos de dados, exceto os corporativos.
c) possuem a mesma forma de operação para todas as empresas.
d) têm a finalidade de dar suporte à maioria das operações de uma empresa.

Comentários:

Os sistemas *enterprise resource planning* (ERP) também podem ser conceituados como pacotes de *software* de negócios que permitem à companhia:

- automatizar e integrar a maioria de seus processos de negócio;
- compartilhar práticas e dados comuns por toda empresa;
- produzir e acessar informações em um ambiente de tempo real.

Questão 3:

Gabarito: d

a) *bureaus* de serviço.
b) *internet data centers.*
c) linguagens de programação de oitava geração.
d) metodologias de gerenciamento de projetos – como as do PMI e do IPMA.

Comentários:

Metodologias como as do Project Management Institute (PMI) e do International Project Management Association (IPMA), abrangendo melhores práticas de projetos, envolvem o atendimento dos critérios de tempo e custo no desenvolvimento de projetos.

Questão 4:

Gabarito: b

a) a atenção dispensada aos requisitos não genéricos das empresas.
b) a possibilidade de implementar melhores práticas de negócios no ERP.
c) o fato do não cruzamento entre as fronteiras organizacionais dos sistemas.
d) o impacto positivo do uso de tecnologias avançadas em cada módulo desenvolvido.

Comentários:

Os sistemas ERP disponibilizam um *catálogo* de processos empresariais criados a partir de um extenso trabalho de pesquisa e experimentação.

Questão 5:

Gabarito: d

a) as funções oferecidas, de forma aprofundada, pelo pacote.
b) as possibilidades apresentadas para a integração total da empresa.
c) o cruzamento entre as informações integradas de um mesmo módulo.
d) o compartilhamento de informações comuns entre os diversos módulos.

Comentários:

A integração é um poderoso elemento no projeto de sistemas ERP devido à crescente necessidade de coordenação e de sincronização de operações dentro e fora das organizações.

O objetivo dos sistemas integrados é disponibilizar um fluxo de informações em vários níveis que possa dar suporte a essa interdependência.

Questão 6:

Gabarito: d

a) *software* para gerenciamento exclusivo de clientes.
b) programas que melhoram o relacionamento com nossos clientes.
c) técnicas, métodos e ferramentas, utilizado para a tomada de decisões por parte da alta gerência da empresa.
d) estratégias, processos e ferramentas, concebido para viabilizar a utilização das informações a respeito de clientes.

Comentários:

O CRM viabiliza a utilização das informações, transformando-as em ações concretas, no sentido de satisfazer e fidelizar clientes, rentabilizando ao máximo as oportunidades de negócios, dentro de cada perfil específico.

Questão 7:

Gabarito: b

a) informativo, avaliativo ou descritivo.
b) operacional, analítico ou colaborativo.
c) adequativo, preparativo ou abordativo.
d) colaborativo, investigativo ou de manutenção.

Comentários:

Os projetos de CRM podem ser:

- operacional – visa melhorar o relacionamento direto entre a empresa e o cliente por meio de canais como a internet ou *call centers*;
- analítico – trata da análise das informações obtidas sobre o cliente, nas várias esferas da empresa, permitindo descobrir, entre outras informações, o grau de fidelização dos clientes;

- colaborativo – procura integrar as estruturas e os benefícios dos outros dois temas descritos.

Questão 8:

Gabarito: d

a) o desenvolvimento de estratégias de relacionamento com os clientes.
b) a integração dos procedimentos das empresas com o uso de um *software*.
c) o desenvolvimento de sistemas de implantação como o *electronic data interchange*.
d) a transformação de registros e dados de múltiplas fontes em informação útil para o conhecimento empresarial.

Comentários:

Por meio do *business intelligence*, é possível proporcionar a descoberta de padrões em dados, sem a limitação de uma análise baseada, exclusivamente, na intuição humana. Por isso, cada vez mais as empresas fazem uso do *business intelligence*.

Questão 9:

Gabarito: c

a) o preço elástico durante a implantação.
b) o gerenciamento da integração do projeto.
c) as restrições de orçamento e a qualidade dos dados.
d) as correlações entre as vendas de diferentes produtos.

Comentários:

Nem sempre a implantação de um sistema de *business intelligence* é fácil. Quanto maior for a empresa e mais complexo for seu BI, menor será a chance de a implementação ser bem-sucedida – incluindo em questões de cronograma e orçamento.

Questão 10:

Gabarito: a

a) conhecer novas tecnologias, novos produtos ou processos que tenham impacto em seu negócio.
b) capturar os dados do cliente ao longo de todo o seu relacionamento com a empresa.
c) aumentar a produtividade dos funcionários e o volume de vendas, ampliando, assim, a lucratividade das empresas.
d) prestar atendimentos personalizados e oferecer produtos ou serviços que mais se encaixam ao perfil de cada cliente.

Comentários:

Por meio do *business intelligence*, podemos descobrir padrões em dados, sem a tendenciosidade e a limitação de uma análise baseada, exclusivamente, na intuição humana.

Módulo IV – Revolução dos negócios eletrônicos

Questão 1:

Gabarito: d

a) *e-business* somente pode ser utilizado por meio da internet.
b) *e-commerce* descreve os processos de compra e venda de produtos por meio da internet.
c) *e-commerce* é implementado pelo mesmo tipo de transações eletrônicas utilizadas pelo e-business.
d) *e-business* não se restringe à compra e venda de produtos e serviços mas também serve clientes e colabora com parceiros de negócios.

Comentários:

O *e-business* se refere a um contexto mais amplo de operação eletrônica, englobando todas as atividades de *e-commerce*.

Questão 2:

Gabarito: a

a) B2C, B2B, C2C, B2E.
b) B2L, B2V, C2D, P2P.
c) B2C, B2G, G2D, D2B.
d) C2B, B2B, M2M, F2B.

Comentários:

Os modelos de negócios eletrônicos válidos são:

- *business to business* (B2B) – negócios eletrônicos interempresariais;
- *business to consumer* (B2C) – negócios eletrônicos para o consumidor final;
- *consumer to consumer* (C2C) – negócios eletrônicos entre consumidores finais;
- *business to employee* (B2E) – iniciativas dentro das empresas para seus funcionários.

Questão 3:

Gabarito: a

a) **personalização de *websites*, adequando-os às necessidades individuais do cliente.**

b) utilização de comparadores eletrônicos, trazendo a experiência *off-line* para o varejo eletrônico.

c) utilização de marcadores especiais, levando ao consumidor uma melhoria de sua experiência *on-line*.

d) personalização das redes sociais, fazendo com que uma massa de consumidores se solidarize entre si e, dessa forma, melhore o processo de compras.

Comentários:

A personalização de *websites* é uma das mais eficientes técnicas para a obtenção de resultados positivos no comércio eletrônico B2C. Por exemplo, se o usuário comprou ou navegou em páginas de produtos eletrônicos, um *website* personalizado traria essa classe de produtos para a *home-page* do *website* em sua próxima visita.

Questão 4:

Gabarito: b

a) o cartão de débito e o vale eletrônico.
b) o cartão de crédito e o boleto bancário.
c) a transferência bancária e o dinheiro em espécie.
d) a personalização financeira e o escambo eletrônico.

Comentários:

O cartão de crédito é, dentre as opções, a forma de pagamento mais utilizada para as compras eletrônicas, com 68% de utilização. O boleto bancário, por sua vez, costuma ser utilizado pelos iniciantes no comércio eletrônico.

Questão 5:

Gabarito: b

a) recomendação cognitiva, B2B e leilões.
b) filtragem colaborativa, *1-click ordering* e *chat* de apoio.
c) demonstração, múltiplos cliques e informativos por *e-mail*.
d) utilização de dinheiro em espécie, cestas de compras e *call center*.

Comentários:

Podemos ainda citar como dispositivos tecnológicos que melhoram o processo de venda as cestas de compras, os *sites* associados, as buscas por palavras-chave, a opinião dos clientes, entre outros.

Questão 6:

Gabarito: b

a) independência da navegação de um usuário em relação à forma pela qual o *website* foi desenvolvido.
b) existência de um limite cognitivo do cérebro humano, sendo válida a regra *sete mais ou menos dois* proposta por Miller.
c) navegação, em diversos níveis, por um usuário, já que, assim, temos certeza de que ele, realmente, quer finalizar a compra.
d) existência de uma interface, com o maior número possível de elementos, já que, desse modo, é possível melhorar o processo de obtenção de informações.

Comentários:

A regra *sete mais ou menos dois* de Miller explica, em parte, o sucesso de dispositivos como o *iPod*, com sua interface minimalista.

Questão 7:

Gabarito: d

a) constitui a única maneira de se vender.
b) apresenta esquemas de precificação fixos.
c) é dividido em vertical, horizontal e diagonal.
d) cria uma ampla rede de compradores e vendedores.

Comentários:

No *e-marketplace*, é criada uma ampla rede de compradores e vendedores, na qual é possível comprar ou vender. Diferentemente dos modelos *um para muitos* e *alguns para muitos*, os esquemas de preços são dinâmicos – baseados em leilões.

Questão 8:

Gabarito: c

a) possibilitar que alguns clientes tenham acesso a muitos produtos, facilitando seu uso.

b) agregar alguns produtos para muitos fornecedores, melhorando assim sua eficiência.

c) **funcionar como um atacadista eletrônico, agregando diversos catálogos de diversos fornecedores.**

d) funcionar como um varejista eletrônico, permitindo o acesso a diversos produtos de vários fornecedores.

Comentários:

A precificação do modelo *alguns para muitos*, normalmente, é fixa, podendo ser previamente negociada. Um caso bastante interessante de atacadista eletrônico é a Gimba, loja especializada na área de material de escritório.

Questão 9:

Gabarito: d

a) pressupõe a utilização da internet.

b) foi desenvolvido pelo exército soviético, durante o bloqueio de Berlim.

c) é um sofisticado arquivo contendo todo o processo de gestão empresarial do parceiro.

d) **permite que parceiros de negócios interliguem seus sistemas de gestão de forma automatizada.**

Comentários:

De modo geral, não há uma solução única para desenvolver um sistema de EDI nem um ambiente de processamento de dados específico.

A solução de EDI comporta uma grande variedade de opções em termos de equipamentos, sistema operacional, *software* básico, aplicativos, protocolos de comunicação e de interface com os usuários.

Questão 10:

Gabarito: a

a) localização.
b) permuta de bens.
c) vale transporte eletrônico.
d) acesso a *e-mail* para soluções domésticas.

Comentários:

Os serviços de localização, utilizando GPS e LBS, tornaram-se uma coqueluche no mercado mundial. Tais serviços contextualizam e personalizam a busca e a prestação de serviços pelo celular.

Bibliografia comentada

ANDERSON, Chris. *Free – grátis*: o futuro dos preços. São Paulo: Elsevier, 2009.

Em seu novo livro, Anderson mostra como as empresas podem lucrar mais fornecendo serviços de graça.

_____. *A cauda longa*: do mercado de massa para o mercado de nicho. São Paulo: Elsevier, 2006.

Nessa importante obra, são analisadas as alterações no comportamento dos consumidores e do próprio mercado, a partir da convergência digital e da internet, incluindo novos modelos de distribuição de conteúdo e oferta de produtos.

CARR, Nicholas. *A grande mudança*. São Paulo: Landscape, 2008.

Nesse livro, Nicholas Carr, ex-editor da revista *Harvard Business Review*, mostra como as mudanças que estão acontecendo na área de TI, tais como a computação em nuvem, já estão impactando os negócios.

LAUDON, K. C.; TRAVER, C. G. *E-commerce*: business, technology, society. 4. ed. New Jersey: Prentice Hall, 2008.

Completíssima obra que aborda os aspectos tecnológicos e sociais da revolução do *e-business*.

MITNICK, K. D.; SIMON, W. L. *A arte de enganar*. São Paulo: Pearson, 2003.

> Excelente obra que explora a arte da engenharia social – conjunto de técnicas que permite que um *hacker*, utilizando pouca ou nenhuma tecnologia, invada sistemas e acesse informações não autorizadas.

NIELSEN, Jacob. *Usabilidade na web*. São Paulo: Campus, 2007.

> O mais importante guia do mundo sobre o desenvolvimento de *websites* e portais corporativos, baseado na ciência da usabilidade. A usabilidade é uma parte da ergonomia específica para a ciência da computação e trata da questão de como projetar um *software* que seja fácil de usar.

PORTER, Michael. Strategy and the internet. *Harvard Business Review*, v. 79, n. 3, Mar. 2001.

> Texto clássico de Michael Porter que analisa o impacto da internet nos processos das empresas. Importantíssimo para o entendimento das transformações que as empresas estão sofrendo nos dias de hoje.

RAYMOND, E. S. *A catedral e o bazar*. Disponível em: <www.dominiopublico.gov.br/pesquisa/DetalheObraForm.do?select_action=&co_obra=8679>. Acesso em: 5 jul. 2012.

> Trata-se de uma obra sobre métodos de engenharia de *software*, baseada na experiência do autor com projetos *open source*.

TAPSCOTT, D.; WILLIAN, A. D. *Wikinomics*: como a colaboração em massa pode mudar o seu negócio. São Paulo: Nova Fronteira, 2007.

> Nesse livro, o autor disserta sobre como a lógica de produção colaborativa de conteúdos está impactando a economia e o funcionamento de empresas de diferentes setores.

TURBAN, E.; VOLONINO, L. *Information technology for management*: improving strategic and operational performance. 8. ed. New Jersey: John Wiley & Sons, 2011.

Um dos livros mais completos do mundo sobre tecnologia da informação. Nessa obra, são abordados, praticamente, todos os principais assuntos relacionados com a tecnologia da informação, de forma clara e precisa. Este livro tem o foco voltado para a maneira como as organizações usam a tecnologia da informação na nova economia digital. Nesse sentido, o livro analisa a forma como a tecnologia da informação facilita a resolução de problemas, aumenta a produtividade e a qualidade, melhora o serviço ao consumidor e permite a reengenharia do processo.

Autor

 **André Bittencourt do Valle** é doutor em engenharia pela UFF, mestre em engenharia pela PUC-Rio e engenheiro pela UFRJ. Professor e coordenador acadêmico do FGV Management. Foi secretário-técnico da ISO e da ABNT. Em 2011, 2010, 2009, 2008 e 2007, foi agraciado com o prêmio FGV Management. Em 2001, foi o ganhador do prêmio Visa de Comércio Eletrônico e, em 2000, do prêmio IBest. Entre 2003 e 2005, foi o coordenador geral da Escola Superior de Redes da RNP. Foi editor-técnico da revista *Internet World*. É membro do Comitê Executivo de Comércio Eletrônico do Governo Federal. Escreveu diversos livros, como *E-commerce, Sistemas de informações gerenciais em organizações de saúde, Gerenciamento de projetos, Fundamentos do gerenciamento de projetos, MP3: a revolução do som via internet, Guia de EDI e Comércio eletrônico,* e *Java: manual de introdução.*

FGV Online

Missão

Desenvolver e gerenciar tecnologias, metodologias e soluções específicas de educação a distância, sob a responsabilidade acadêmica das escolas e dos institutos da FGV, no âmbito nacional e internacional, liderando e inovando em serviços educacionais de qualidade.

Visão

Ser referência internacional na distribuição de produtos e serviços educacionais inovadores e de alta qualidade na educação a distância.

Cursos oferecidos

O FGV Online oferece uma grande variedade de tipos de cursos, desde atualizações até especializações e MBA:

- cursos de atualização;
- cursos de aperfeiçoamento;
- graduação;
- MBAs e cursos de especialização;
- soluções corporativas;
- cursos gratuitos (OCWC).

Cursos de atualização

Os cursos de atualização de 30 a 60 horas visam atender ao mercado de educação continuada para executivos. Professores-tutores – capacitados em educação a distância e especialistas na área em que atuam –

orientam os participantes. Vídeos, animações e jogos didáticos auxiliam a apreensão dos conteúdos apresentados nos cursos.

Os cursos de atualização são destinados aos interessados em rever e aprimorar suas atividades profissionais, além de interagir com profissionais da área. São cursos práticos que podem ser aplicados em seu dia a dia rapidamente. Para a realização dos cursos, é recomendável já ter cursado uma graduação.

Os cursos de atualização do FGV Online são veiculados, essencialmente, via internet. A utilização de diversos recursos multimídia fomenta a busca de informações, a reflexão sobre elas e a reconstrução do conhecimento, além de otimizar a interação dos alunos entre si e com o professor-tutor, responsável pelo suporte acadêmico à turma.

O curso tem duração aproximada de nove semanas.

Cursos de aperfeiçoamento

Os cursos de aperfeiçoamento de 120 a 188 horas são voltados para a formação e o desenvolvimento de competências gerenciais estratégicas com ênfases em áreas do conhecimento específicas. Para a realização dos cursos de aperfeiçoamento, é recomendável já ter cursado uma graduação.

Graduação

Os Cursos Superiores de Tecnologia a distância são cursos de graduação direcionados a profissionais que pretendam se apropriar de novas ferramentas e técnicas de gestão.

Considerando que, nos mercados competitivos, só sobrevivem as empresas que contam com a criatividade, a flexibilidade e a eficácia de seus colaboradores, os Cursos Superiores de Tecnologia visam atender tanto às organizações que buscam qualificar seus executivos quanto aos que não conseguem dar continuidade a sua formação, seja por falta de tempo para participar de cursos presenciais, seja porque não existem, na cidade em que residem, instituições de ensino superior.

Os Cursos Superiores de Tecnologia são diplomados pela Escola Brasileira de Administração Pública e de Empresas da Fundação Getulio

Vargas (Ebape/FGV). O diploma dos Cursos Superiores de Tecnologia, realizados a distância, contempla as mesmas especificações e tem idêntico valor ao dos diplomas das graduações presenciais.

MBAs e cursos de especialização

Tendo como pré-requisito o diploma de graduação, os MBAs e cursos de especialização a distância destinam-se a executivos que desejam se especializar em suas áreas de atuação, aliando conhecimento e *networking* profissional para acompanhar as frequentes mudanças no competitivo mercado de trabalho.

A metodologia do curso contempla, além do trabalho com diferentes ferramentas de internet, encontros presenciais, realizados em polos espalhados por todas as regiões do Brasil.

As disciplinas do curso são elaboradas por professores da FGV, enquanto os professores-tutores discutem o conteúdo, orientam atividades e avaliam trabalhos dos alunos no ambiente virtual de aprendizagem, via internet.

Os MBAs e cursos de especialização do FGV Online têm, no mínimo, 360 horas, e apresentam opções em diversas áreas de conhecimento:

- MBA Executivo em Administração de Empresas com ênfase em Gestão;
- MBA Executivo em Administração de Empresas com ênfase em Meio Ambiente;
- MBA Executivo em Administração de Empresas com ênfase em Recursos Humanos;
- MBA Executivo em Direito Empresarial;
- MBA Executivo em Direito Público;
- MBA Executivo em Finanças com ênfase em *Banking*;
- MBA Executivo em Finanças com ênfase em Controladoria e Auditoria;
- MBA Executivo em Finanças com ênfase em Gestão de Investimentos;
- MBA Executivo em Gestão e *Business Law*;
- MBA Executivo em Gestão Pública;
- MBA Executivo em Marketing;
- Especialização em Administração Judiciária;
- Especialização em Gestão da Construção Civil;

- Especialização em Gestão de Pequenas e Médias Empresas;
- Especialização em Negócios para Executivos – GVnext.

O MBA Executivo em Administração de Empresas é certificado, pela European Foundation for Management Development (EFMD), com o selo CEL, que avalia e certifica a qualidade dos programas das escolas de negócios.

Além dessas opções, o FGV Online possui dois MBAs internacionais: o MBA Executivo Internacional em Gerenciamento de Projetos (em parceria com a University of California – Irvine) e o Global MBA (em parceria com a Manchester Business School), que são programas destinados a executivos, empreendedores e profissionais liberais que, precisando desenvolver suas habilidades gerenciais, querem uma exposição internacional sem precisar sair do país.

Soluções corporativas

Definidas em parceria com o cliente, as soluções corporativas do FGV Online possibilitam que os colaboradores da empresa – lotados em diferentes unidades ou regiões, no país ou no exterior – tenham acesso a um único programa de treinamento ou de capacitação.

É possível ter, em sua empresa, todo o conhecimento produzido pelas escolas e unidades da FGV, na forma de educação a distância (*e-learning*). São soluções e produtos criados pela equipe de especialistas do FGV Online, com o objetivo de atender à necessidade de aprendizado no ambiente empresarial e nas universidades corporativas.

Os cursos corporativos do FGV Online são acompanhados por profissionais que, responsáveis pelo relacionamento empresa-cliente, elaboram todos os relatórios, de modo a registrar tanto todas as etapas do trabalho quanto o desempenho dos participantes do curso.

Cursos gratuitos (OCWC)

A Fundação Getulio Vargas é a primeira instituição brasileira a ser membro do OpenCourseWare Consortium (OCWC), um consórcio de instituições de ensino de diversos países que oferecem conteúdos e materiais didáticos sem custo, pela internet.

O consórcio é constituído por mais de 300 instituições de ensino de renome internacional, entre elas a Escola de Direito de Harvard, o Instituto de Tecnologia de Massachusetts (MIT), a Universidade da Califórnia (Irvine) e o Tecnológico de Monterrey, entre outras, provenientes de 215 países.

Atualmente, o FGV Online oferece mais de 40 cursos gratuitos – há programas de gestão empresarial, de metodologia de ensino e pesquisa, cursos voltados a professores de ensino médio, um *quiz* sobre as regras ortográficas da língua portuguesa, entre outros –, sendo alguns deles já traduzidos para a língua espanhola. A carga horária dos cursos varia de cinco a 30 horas.

Membro do OCWC desde julho de 2008, o FGV Online venceu, em 2011, a primeira edição do OCW People's Choice Awards – premiação para as melhores iniciativas dentro do consórcio –, na categoria de programas mais inovadores e de vanguarda. Em 2012, o FGV Online venceu, pelo segundo ano consecutivo, dessa vez na categoria de recursos mais envolventes.

Para saber mais sobre todos os cursos do FGV Online e fazer sua inscrição, acesse <www.fgv.br/fgvonline>.

Este livro foi impresso nas oficinas gráficas da Editora Vozes Ltda.,
Rua Frei Luís, 100 – Petrópolis, RJ.